公務員試験

出るとこ過去問

10 国際関係

セレクト SELECT

70

過去問

国家一般職・地方上級レベル対応

新装第2版

TAC出版

TAC PUBLISHING Group

● はじめに ●

目指す場所に必ずたどり着きたい方のために——
『出るとこ過去問』は、超実践的 "要点整理集+過去問集" です。

「公務員試験に合格したい」
この本を手にされた方は、きっと心からそう願っていると思います。

　公務員試験に合格することは、けっして容易なものではありません。勉強すべき科目は多く、参考書は分厚い。合格に必要な勉強時間はおおよそ1500〜2000時間といわれており、準備に半年〜1年かける方が大半でしょう。覚悟を決め、必死で取り組まなければなりません。

　たとえ予備校に通っていても、カリキュラムをひたすらこなすだけでせいいっぱいという方もいるでしょう。独学の場合はなおさら、スケジュールどおりに勉強を進めていくには、相当な自制心が必要です。試験の日程が近づいているにもかかわらず、「まだ手をつけていない科目がこんなにある」と落ち込んでしまう方もいるかもしれません。

　そんな時こそ、本書の出番です。この『出るとこ過去問』は、公務員試験合格のための超実践的 "要点整理集+過去問集" です。絶対に合格を勝ち取りたい方が最後に頼る存在になるべく作られました。

　おさえるべき要点はきちんと整理して理解する。解けるべき過去問はきちんと解けるようにしておく。それが公務員試験で合格するためには必須です。**本書は、合格のために "絶対理解しておかなければならない要点" の簡潔なまとめと、これまで公務員試験の中で "何度も出題されてきた過去問" だけを掲載しています。**だからこそ、超実践的なのです。

　たくさんの時間を使い、たくさん勉強してきたけれど、まだ完全に消化しきれていない科目がある。そんな方にとって、本書は道を照らす最後の明かりです。**本書のPOINT整理やPointCheckを頼りに重要事項を整理して理解し、過去問が解けるところまでいけば、合格はもうすぐです。**

　いろいろと参考書を手にしてみたものの、どれもしっくりとせず、試験の日程ばかりが迫ってきている。そんな方にとって、本書は頼もしい最後の武器です。**本書をぎりぎりまで何度も繰り返し勉強することで、合格レベルまで底上げが可能となります。**

　道がどんなに険しくても、そこに行き先を照らす明かりがあれば、効果的な武器があれば、目指す場所に必ずたどり着くことができます。

　みなさんが輝かしい未来を勝ち取るために、本書がお役に立てれば幸いです。

2020年3月　TAC出版編集部

● 本書のコンセプトと活用法 ●

本書のコンセプト

1. 過去問の洗い直しをし、得点力になる問題だけを厳選

その年度だけ出題された難問・奇問は省く一方、近年の傾向に合わせた過去問の類題・改題はしっかり掲載しています。本書で得点力になる問題を把握しましょう。

<出題形式について>
旧国家Ⅱ種・裁判所事務官の出題内容も、国家一般・裁判所職員に含め表記しています。また、地方上級レベルの問題は地方上級と表示しています。

2. 基本問題の Level 1 、発展問題の Level 2 のレベルアップ構成

Level 1 の基本問題は、これまでの公務員試験でたびたび出題されてきた問題です。何回か繰り返して解くことをおすすめします。科目学習の優先順位が低い人でも、最低限ここまではきちんとマスターしておくことが重要です。さらに得点力をアップしたい方は Level 2 の発展問題へ進みましょう。

3. POINT整理と見開き2ページ完結の問題演習

各章の冒頭の**POINT整理**では、その章の全体像がつかめるように内容をまとめています。全体の把握、知識の確認・整理に活用しましょう。この内容は、Level 1 、Level 2 の両方に対応しています。また、**Q&A**形式の問題演習では、問題、解答解説および、その問題に対応する**PointCheck**を見開きで掲載しています。重要ポイントの理解を深めましょう。

● 基本的な学習の進め方

どんな勉強にもいえる、学習に必要な4つのポイントは次のとおりです。本書は、この①〜④のポイントに沿って学習を進めていきます。

①理解する

問題を解くためには、必要な知識を得て、理解することが大切です。

②整理する

ただ知っているだけでは、必要なときに取り出して使うことができません。理解したあとは、整理して自分のものにする必要があります。

③暗記する　④演習する

問題に行き詰まったときは、その原因がどこにあるのか、上記①〜④をふりかえって考え、対処しましょう。

本書の活用法

1. POINT整理で全体像をつかむ

POINT整理を読み、わからないところがあれば、各問題の**PointCheck**および解説を参照して疑問点をつぶしておきましょう。関連する**Q&A**のリンクも掲載しています。

2. Level 1 ・ Level 2 のQ&Aに取り組む

ここからは自分にあった学習スタイルを選びましょう。苦手な論点は、繰り返し問題を解いて何度も確認をすることで自然と力がついてきます。

Level 2 の **Level up Point!** は得点力をつけるアドバイスです。当該テーマの出題傾向や、問題文の目のつけどころ、今後の学習の指針などを簡潔にまとめています。

●本書を繰り返し解き、力をつけたら、本試験形式の問題集にも取り組んでみましょう。公務員試験では、問題の時間配分も重要なポイントです。

➡ **本試験形式問題集**

『**本試験過去問題集**』（国家一般職・国税専門官・裁判所職員ほか）

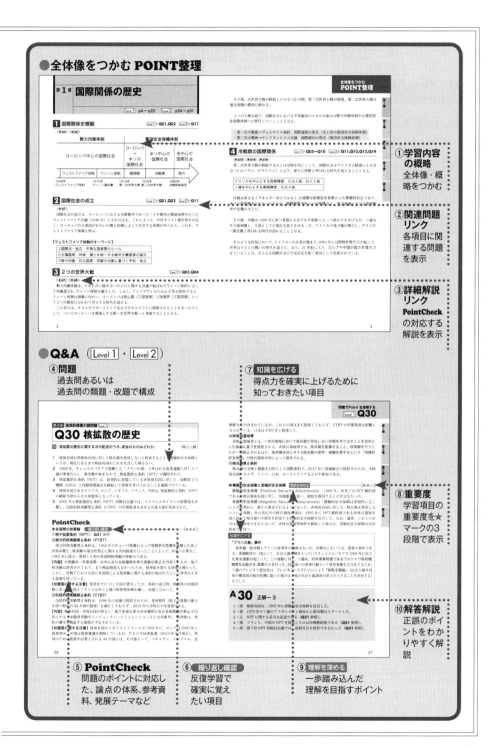

● 効率的『出るとこ過去問』学習法 ●

1周目

　最初は科目の骨組みをつかんで、計画どおりスムーズに学習を進めることが大切です。1周目は学習ポイントの①概要・体系の理解と、②整理の仕方を把握することが目標になります。

> 最初は、誰でも、「わからなくて当然」「難しくて当たり前」です。初めての内容を無理やり覚えようとしても混乱するだけで終わってしまうことがあります。頭に残るのは全体像やイメージといった形で大丈夫です。また、自力で問題を解いたり、暗記に時間をかけたりするのは効率的ではありません。問題・解説を使って整理・理解していきましょう。

1. POINT整理をチェック

　やみくもに問題を解いても、学習範囲の概要がわからなければ知識として定着させることはできません。知識の中身を学習する前に、その章の流れ・体系をつかんでおきます。

> **POINT整理**は見開き構成で、章の全体像がつかめるようになっています。一目で学習範囲がわかるので、演習の問題・解説がスムーズに進むだけでなく、しっかりした知識の定着が可能になります。ここは重要な準備作業なので詳しく説明します。

(1)**各項目を概観**（5分程度）

　次の3点をテンポよく行ってください。

①章の内容がどんな構成になっているか確認

②何が中心的なテーマか、どのあたりが難しそうかを把握

③まとめの文章を読んで、理解できる部分を探す

> 最初はわからなくても大丈夫です。大切なのは問題・解説を学習するときに、その項目・位置づけがわかることです。ここでは知識の中身よりも、組立て・骨組み・章の全体像をイメージします。

(2)**気になる項目を確認**（30分程度）

　問題・解説の内容を、先取りして予習する感覚で確認します。

①リファレンスを頼りに各問題や、問題の**PointCheck**を確認

②まったく知らない用語・理論などは「眺めるだけ」

③知っている、聞いたことがある用語・理論などは自分の理解との違いをチェック

> 全体像を確認したら、次にやることは「道しるべ」を作っておくことです。内容を軽く確認する作業ですが、知らないことや細かい内容はとばして、自分が知っている用語や理解できる内容を確認し、学習を進める時の印をつけておきます。

2. Level 1 の問題にトライ (問題・解説で1問あたり15分以内が目標)

　まずは読む訓練と割り切りましょう。正解をみてもかまいません。むしろ○×を確認してから、どこが間違っているのか、理解が難しいのかを判断する程度で十分です。問題を読んで理解できない場合は、すぐに解説を読んで正誤のポイントを理解するようにしてください。

> はじめは、問題を自力で解くことや、答えの正解不正解は全く考慮しません。また、ここで深く考える必要もありません。大切だとされる知識を「初めて学ぶ」感覚で十分です。問題で学ぶメリットを最大限に生かしましょう。

3. Level 1 の PointCheck を確認 (15分程度)

　学習内容の理解の仕方や程度を**PointCheck**で把握します。問題を解くための、理解のコツ、整理の仕方、解法テクニックなどを確認する作業です。暗記が必要な部分は、**PointCheck**の文中に印をしておき、次の学習ですぐ目につくようにします。

4. Level 2 の問題の正誤ポイントを確認

　Level 1 の問題と同様に読む訓練だと考えて、正誤のポイントを確認するようにしましょう。ただ、長い文章や、**POINT整理**にない知識、未履修の範囲などが混在している場合があるので、学習効果を考えると1回目は軽く流す程度でいいでしょう。また、Level 1 の**PointCheck**と同様、覚えておくべき部分には印をしておきます。

> Level 2 は2周目で重点的に確認するようにします。1周目はとばしてもかまいません。ただ、これからやる学習範囲でも、眺めておくだけで後の理解の役に立ちます。「なんとなくわかった」レベルの理解で先に進んでも大丈夫です。

2周目以降

　ここからは、問題を解きながら覚える作業です。大切なのは、「理解できたか・できないか」「整理されているか・されていないか」「暗記したか・していないか」を、自分なりにチェックしていくこと。できたところと、難しいところを分けていきましょう。

> 2周目でも、100パーセントの体系的理解は必要ありません。どうすれば正解に至ることができるかを自分なりに把握できればいいのです。最終的には自分の頭で処理できることが目標なのです。

　2周目以降は、もうやらなくていい問題を見つける作業だと考えてください。「ここだけ覚えればいい」「もう忘れない」と感じた問題は切り捨てて、「反復が必要」「他の問題もあたっておく」と感じる問題にチェックをしていきます。

> ここからが一般的な問題集の学習です。3周目は1日で全体の確認・復習ができるようになります。ここまで本書で学習を進めれば、あとは問題を解いていくことで、より得点力を上げていくこともできます。一覧性を高め、内容を絞り込んだ本書の利点を生かして、短期間のスピード完成を目指してください。

出るとこ過去問　国際関係セレクト 70

CONTENTS

■ 国際関係の試験対策について

⑴教養科目とのシナジーを生かす

　宣言・演説など英文解釈の出題はもとより、世界史（17世紀以降）・日本史（明治以降）の国際政治史、地理の世界地域研究などは、直接的に科目間で関連した出題がみられる。幅広い視野が必要な国際関係の学習を意識して、諸外国の歴史をはじめとした教養科目の土台を作っておこう。

⑵生きている国際関係を意識する

　現代のダイナミックな国際関係を出題するのは困難なので、その背景となる近現代の国際体制・学説を基本知識として問うことが多い。しかしできれば、日本政府・外務省がどのような視点で「生きた国際関係」をとらえているのかを、各省庁のホームページ・外交青書などでチェックしておきたい。これを国際関係の学習の仕上げとして、問題分析力・対応力をアップさせよう。

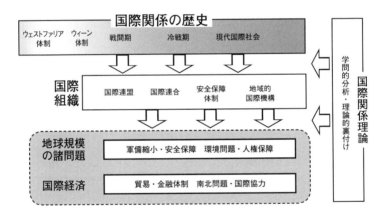

⑶得意の専門科目を突破口にして、より深い解析を目指そう

　国際政治や国際法、国際経済を専門に学習したとしても、試験で出題される範囲は膨大で、問われるポイントすべてに対応することはできない。したがって大切なのは自分の得意分野を突破口にして国際関係理論の全体像を把握すること。上図からもわかるように国際関係の出題範囲では、政治・法律・経済・社会などの各専門分野の視点を十分に生かすことができる。政治・行政分野が得意であれば国際関係理論から、法律分野が得意であれば国際組織・法体系から学習を深めていく。すべての分野に完璧な準備を目指すよりも、それぞれの専門知識を土台として得点力を上げていこう。

公務員試験

国家一般職
地方上級レベル対応

出るとこ過去問

⑩

国際関係

セレクト70

第1章 国際関係の歴史

Level 1 p4 ～ p23   Level 2 p24 ～ p31

1 国際関係史概観

Level 1 ▷ **Q01,Q02**　Level 2 ▷ **Q11**

▶ p4　▶ p6

勢力均衡体制		集団安全保障体制		
ヨーロッパ中心の国際社会		ヨーロッパ + 米ソの国際社会	米ソ中心の国際社会	米中心の国際社会
ウェストファリア体制	ウィーン体制	戦間期	冷戦期	現代

1648年　　　　　　　1815年　　　　　　1914年　　　　　1939年　　　　　1989年
ウェストファリア条約　ウィーン議定書　第一次世界大戦　第二次世界大戦　冷戦終結宣言

2 国際社会の成立

Level 1 ▷ **Q01,Q02**　Level 2 ▷ **Q11**

▶ p7

　国際社会の成立は、ヨーロッパにおける宗教戦争であった三十年戦争の戦後処理を行ったウェストファリア会議（1648年）にさかのぼる。これによって、中世キリスト教世界を否定し、ヨーロッパの主要国がお互いの勢力均衡によって共存する体制が作られた。これを、ウェストファリア体制と呼ぶ。

【ウェストファリア体制のキーワード】

①国際法…独立・平等な国家間のルール
②主権国家…民族・領土を統一する絶対主義国家の誕生
③勢力均衡…対立国家・同盟の均衡に基づく平和・独立

3 2つの世界大戦

Level 1 ▷ **Q03,Q04**

▶ p7　▶ p8

　勢力均衡体制は、**ナポレオン後のヨーロッパ**に関する会議で結ばれた**ウィーン条約**によって再確認され、**ウィーン体制**が誕生した。しかし、ドイツで**ヴィルヘルム2世**が即位すると、ウィーン体制は崩壊に向かい、ヨーロッパは英仏露（三国協商）と独墺伊（三国同盟）という2つの陣営に分かれて対立する時代を迎える。

　この対立は、サラエボでオーストリア皇太子がセルビア人に暗殺されたことをきっかけと

して、ついにヨーロッパを戦場とする**第一次世界大戦**へと発展することとなる。

その第一次世界大戦が終結したのもつかの間、第二次世界大戦が勃発。第二次世界大戦は連合国側の勝利に終わる。

2つの大戦を経て、国際社会における平和維持のための仕組みは**勢力均衡体制**から**集団安全保障体制**へと移行していくこととなる。

・第一次大戦後→ヴェルサイユ条約　国際連盟の発足（史上初の集団安全保障体制）
・第二次大戦後→サンフランシスコ会議　国際連合の発足（集団安全保障体制）

4 冷戦期の国際関係　　Level 1 ▷ **Q05〜Q10**　Level 2 ▷ **Q11〜Q14**

▶p12　▶p14　▶p16

第二次世界大戦が終結するのとほぼ時を同じくして、国際社会はアメリカ大統領による宣言（**トルーマン・ドクトリン**）により、新たに冷戦と呼ばれる時代を迎えることとなる。

アメリカを中心とする西側陣営：自由主義・民主主義
ソ連を中心とする東側陣営：社会主義

冷戦は単なるイデオロギー対立ではなく、**大規模な核軍拡を背景とした軍事的対立**であり、米ソの直接戦争はなかったものの、**朝鮮戦争やキューバ危機**など、周辺地域における軍事衝突や危機が生じた。

その後、冷戦は1989年に**米ソ首脳によるマルタ会談**によって終わりを告げるが、ソ連はその後崩壊し、大国としての地位を低下させる一方、アメリカの発言権が増大し、**アメリカ一国主義**と呼ばれる時代が訪れることとなる。

そのような状況において、アメリカへの反発が強まり、2001年には**同時多発テロ**が起こり、世界はテロとの戦いの時代を迎えた。また、21世紀に入り、**ロシアや中国が国力を増大**させていることは、さらなる国際社会の不安定化を招く要因として危惧されている。

3

Q01 国際社会の形成

問 国際社会の形成に関する次の記述のうち、妥当なものはどれか。 （国家一般）

1 三十年戦争を終わらせた1648年のウィーン会議によって、それまでのローマ法王の宗教的権威が弱まり、国益の概念に支えられた主権国家を単位とする国際社会が成立した。このような主権国家に基づく国際体制はウィーン体制と呼ばれ、近代国際社会の成立として位置付けられる。

2 国家主権の概念が重要な国際関係の原理として広まることは、近代国際社会が形成される契機となった。ここでいう国家主権とは、立法権、外交権、常設軍、貨幣鋳造権、徴税権などを国家が排他的に有することを意味しており、今日では、国家が成立していることを示す一般的な要件となっている。

3 近代的な国家は、神による宗教的な教えよりも国際法原理を優先し、合理的に国益追求を目的として行動する。また、国際法原理が普及することによって、主権国家間に一定の規範が確立するようになる。このような近代的国際法が成立する上で、オランダの法学者で「国際法の父」と呼ばれるJ.ボダンの『戦争と平和の法』が重要な基礎となった。

4 18世紀から19世紀のヨーロッパの国際社会では、大国間の勢力均衡（バランス・オブ・パワー）によって平和と安定がもたらされると考えられていた。ここでいう「大国」とは、フランス、スウェーデン、オランダ、オーストリア、ロシアの5か国を通常意味する。この五大国が、その後「ヨーロッパ協調（コンサート・オブ・ヨーロッパ）」による平和を築くようになった。

5 18世紀初頭、フランスのルイ14世がスペインの王位継承問題を契機にヨーロッパにおける覇権を目指すと、イギリスはこれに対抗してオーストリアと同盟を結び、スペイン継承戦争が起きた。これを終わらせるユトレヒト条約により、フランスの覇権が阻まれ、ヨーロッパで初めて集団安全保障体制が確立した。

PointCheck

●ウェストファリア体制とウィーン体制······························**【★★★】**
(1)ウェストファリア体制（1648年〜）

　ウェストファリア体制は、1648年にヨーロッパ諸国によって構築された。**締結された条約により、宗教戦争であった三十年戦争は終結し、以降国家を主要アクター（行為体）とする「近代国際社会」（＝西欧国家体系）が誕生した。**

(2)ウィーン体制（1815年〜）

　フランス革命後に登場したナポレオンは、ヨーロッパ制覇を成し遂げるが1814年に失脚。これを受けて**ヨーロッパ各地の諸王朝は力を取り戻し、その後のヨーロッパ再建について話し合うウィーン会議が開催され、1815年にウィーン議定書が採択された。これにより、勢力均衡によるヨーロッパの平和維持が確認され、また強化されていくこととなる。**

【ウィーン体制のキーワード】

ウィーン体制のキーワードから、19 世紀ヨーロッパの国際関係の特徴がみえる。

> ①正統主義：「すべてをフランス革命前に戻す」という原則。ウィーン会議は保守的な空気が強く、自由主義や民主主義を否定しようとする傾向にあった。
>
> ②コンサート・オブ・ヨーロッパ（ヨーロッパ協調）：イギリス、フランス、オーストリア、ロシア、プロシアからなる勢力均衡による平和維持体制。ウィーン体制の中核をなす理念である。
>
> ③メッテルニヒとタレーラン：メッテルニヒはウィーン会議を主導したオーストリア宰相。タレーランは「正統主義」を提唱したフランス外相。
>
> ④パックス・ブリタニカ：勢力均衡を維持するために、バランサーとしてイギリスが機能。

◉近代国際社会（西欧国家体系）の特徴………………………………………【★★★】

(1)主権国家の要件

近代国際社会は互いに平等な主権を持つ国家により構成される。

> ①内政不干渉
> 対外的には独立・不可侵であり、国際社会で平等な立場である。
>
> ②統治権・領域主権
> 対内的には当該国家領域を支配する最高かつ絶対的政治権力がある。
>
> ③外交能力
> 他国との関係を取り結ぶ対等な地位と交渉権限がある。

(2)勢力均衡

覇権国の登場を防ぎ、国際社会の平和を維持するための仕組みとして**国家間の勢力（パワー）が互いにつりあっている状況**を重視する。

(3)国際法

主権国家間のルールとして、国際法（条約・国際慣習法）が存在する。近代国際法の成立については、『戦争と平和の法』（1625 年）を著したオランダの法学者 H. グロティウスの貢献が大きく、彼は「国際法の父」と呼ばれている。

A01 正解ー2

1－誤　三十年戦争を終結させたのはウェストファリア会議である。

2－正　主権国家という概念は近代国際社会の成立の基礎である。

3－誤　「国際法の父」はグロティウスである。J. ボダンは国家主権について論じた『国家論』で知られる。

4－誤　コンサート・オブ・ヨーロッパはウィーン会議後の 19 世紀に成立した。

5－誤　ウェストファリア体制からウィーン体制までの 17 ～ 19 世紀に、平和維持の仕組みとして存在したのは勢力均衡体制である（**Q02** 参照）。

Q02 勢力均衡

問 勢力均衡に関する次の記述のうち、妥当なものはどれか。 （国家一般）

1 英仏百年戦争終結後に結ばれたウェストファリア条約以後、ヨーロッパにおける外交の原則となったのが勢力均衡（バランス・オブ・パワー）である。勢力均衡体制では、国家の主権平等を前提とし、それぞれの国家が世界全体を支配するような覇権を求めて競争することが相互に認められた。

2 1789年にフランス革命が起こると、ヨーロッパの君主国とフランスの革命政権との戦争が拡大した。ナポレオンの敗退後、ウィーン会議の議定書で勢力均衡による国境線の確定が行なわれ、ヨーロッパの国際関係は1805年以前の旧体制に復帰した。

3 ウィーン体制が崩壊すると、プロイセンはオーストリアとフランスを戦争で破り、ドイツ統一を達成した。この現状打破政策をとるドイツに対し、イギリス、フランス、イタリア、ロシアなどドイツ以外の諸国は同盟を組んで対抗し、ここにドイツの「光栄ある孤立」に基づいた新しい勢力均衡が生まれることになった。

4 ヨーロッパの伝統的勢力均衡外交が第一次世界大戦を防止できなかったとの反省から、国際組織による平和維持という主張が生まれることになった。ロシア革命によって権力を握ったレーニンは14カ条演説で勢力均衡に代わる国際組織の成立を訴え、これに英仏の賛同が得られたことで国際連盟が発足した。

5 第一次世界大戦後の勢力均衡を崩したものが、ドイツにおけるヒトラー政権である。ヒトラーはラインラントへの軍事進駐、エチオピアへの侵略、さらにオーストリアの併合などの領土拡張を繰り返したが、チェコのズデーテン地方の帰属をめぐるミュンヘン会談が決裂すると、ドイツはポーランド侵略に転じ第二次世界大戦が始まった。

PointCheck

●勢力均衡体制と集団的安全保障体制………………………………………………**【★★★】**

⑴勢力均衡体制

国家間の勢力（パワー）が互いにつりあっている状況であり、構成国の1国が他のすべての国家に影響力を及ぼすことができない状態。諸国家間で相互に敵対・友好の複雑な関係を結んで牽制し合うことによってこのバランスを維持し国際平和を実現しようとするもので、「同盟体制」とも呼ばれる。

⑵集団的安全保障体制

対立する国家をも含むすべての国をメンバーとして、戦争や侵略の禁止などのルールを定めた国際機構を作り、それに違反する国に対しては他のメンバー国が集団的に制裁を加えることで、世界の平和と安全を維持しようとするもの。仮想敵国は存在しない。

●集団防衛体制 　理解を深める ……………………………………………【★★★】

　集団的安全保障体制と混同されやすい用語が集団防衛体制である。集団防衛体制は、利害の一致する国同士が同盟関係を結び、外部に存在する仮想敵国の脅威に対処しようとするものであり勢力均衡の立場に立つ。

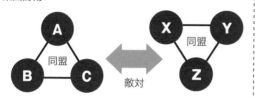
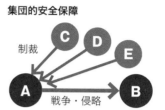

集団防衛機構：北大西洋条約機構（NATO）、ワルシャワ条約機構（WTO）など
集団的安全保障体制：国際連盟、国際連合、欧州安全保障協力機構など

●第一次世界大戦の経緯…………………………………………………………【★★☆】

1871年　**プロイセン中心にドイツ帝国成立。**宰相ビスマルクによる**ウィーン体制維持**

1888年　**ヴィルヘルム2世**がドイツ皇帝に即位。覇権を目指し、海外植民地獲得に。ヨーロッパの勢力バランスは崩れ、**ドイツ・オーストリア・イタリアからなる三国同盟**（1882年）と、ドイツに対抗する**イギリス・フランス・ロシアからなる三国協商**（1907年）との対立が表面化

1914年　**オーストリアによるボスニア併合**に不満を持つセルビア人青年が、サラエボでオーストリア皇太子夫妻を暗殺。**オーストリアはセルビア（ロシア側）に宣戦布告、三国同盟対三国協商の戦争に発展**

　ロシアでは大戦中の1917年の十月（十一月）革命で史上初の社会主義革命に成功、指導者レーニンは「平和に関する布告」を発表し、早期の大戦終結を呼びかける。

A02 　正解―2

1―誤　ウェストファリア条約は三十年戦争終結後に結ばれた（**Q01**参照）。

2―正　ウィーン会議では、正統主義が採用された（**Q01**参照）。

3―誤　バランサーとして「光栄ある孤立」という立場をとったのはイギリス。

4―誤　第一次世界大戦中にロシア革命によって権力を得たレーニンは「平和に関する布告」を発し、即時停戦と戦後の国際秩序について呼びかけを行った。これに対し、アメリカのウィルソン大統領は14カ条の平和原則で平和維持のための国際組織の設立を訴えた（**Q03**参照）。

5―誤　ヒトラー政権の誕生と領土拡張への野心は第一次大戦後の秩序を崩壊させたが、エチオピアを侵略したのはイタリアである。また、ミュンヘン会議では、ドイツの主張が受け入れられ、チェコスロバキアはその後解体された。

Q03 戦間期の国際関係

問 第一次世界大戦から第二次世界大戦までの国際関係に関する次の記述のうち、妥当なものはどれか。 (地方上級)

1 第一次世界大戦は1914年から1918年にかけて、イギリス、フランス、アメリカからなる三国協商側と、ドイツ、イタリア、ロシアからなる三国同盟側との対立を軸として、世界的規模で行われた。

2 国際連盟は、かつてない破壊を招いた第一次世界大戦の反省に基づき、1920年にアメリカ、フランス、イギリスを中心メンバーとして発足したが、ソ連、ドイツは終始加盟しなかった。

3 不戦条約（ケロッグ・ブリアン条約）は1928年に締結され、締約国間で国家の政策の手段としての戦争を放棄し、一切の国際紛争を平和的手段によって解決することを規定した。

4 第二次世界大戦は、1939年にナチス・ドイツが突如フランスに武力進撃を開始し、これに対抗してイギリス、アメリカがドイツに宣戦布告することで始まった。ドイツの東側に位置するポーランドは終戦まで中立を維持した。

5 大西洋憲章は、1941年にトルーマン米大統領とチャーチル英首相が会談し、第二次世界大戦後の戦後構想を発表したもので、ソ連の動きに脅威を感じ、反撃に転ずる決意を表明しており、トルーマン・ドクトリンともいわれる。

PointCheck

●第一次世界大戦終結前後のヨーロッパ･･【★★★】
(1)米ソの台頭
　①ロシア
　1914年　第一次大戦勃発とともに三国協商側で参戦
　　↓　　ヨーロッパにおける後進国のロシアは戦争が長びくことで窮乏
　1917年　二月（三月）革命
　　　　　ロシア帝国廃止、西欧型議会民主主義の臨時政府樹立
　　↓　　戦争の継続を決定
　1917年　**十月（十一月）革命**
　　　　　レーニン率いるボルシェヴィキ（労働者・農民の革命集団）が政権掌握
　　　　　ソヴィエト政権の樹立（初の社会主義政権）
　　　　　レーニンは「平和に関する布告」で早期停戦を呼びかける
　②アメリカ
　1914年　第一次大戦勃発時には「中立」を宣言
　1917年　ドイツに宣戦布告し、三国協商側で参戦

1918年　ウィルソン大統領は「14 カ条」（講和と大戦後の新秩序の構想）を発表
　↓　　ドイツはこれを受け入れ、休戦成立
1919年　パリ講和会議（基本原則は「14 カ条」による）

⑵ヴェルサイユ条約の締結（1919 年）

対独講和が実現し、ヨーロッパにおける**ヴェルサイユ体制**が確立。①すべての植民地の放棄、②ラインラントの非武装化、③軍備制限、④巨額の賠償金、⑤国際連盟の設立が内容。

⑶不戦条約の締結

ドイツの賠償金問題とフランスの安全保障要求が満たされなかったため、ヴェルサイユ体制は不安定な状態が続いたが、これらの問題がそれぞれ、**ドーズ案**（1924 年）と**ロカルノ条約**（1925 年）で解決されると**ヨーロッパは秩序を回復し、フランスのブリアン外相とア**メリカのケロッグ国務長官の提唱で不戦条約 (ケロッグ・ブリアン条約) が締結された (1928年)。

●第二次世界大戦への経緯……………………………………………………【★★★】

1929年	世界大恐慌→国際協調体制の崩壊
	イギリス・フランス：ブロック経済（自国通貨圏外からの商品を排除）
	アメリカ：ニューディール政策（政府により経済を指導）
1933年	ドイツに**ヒトラー政権成立→軍事平等化**を求め、**国際連盟から脱退**し、**再軍備**
1936年	ベルリン＝ローマ枢軸と日独防共協定（1937 年に伊参加）で日独伊が同盟国に
1938年	ドイツ、チェコスロバキアのズデーテン地方割譲を要求。ミュンヘン会議（英仏独伊）はこれを認めてしまう→翌年チェコスロバキアはドイツによって解体
1939年	3月、ドイツは**ポーランド回廊地域**の割譲要求を行い、8月には独ソ不可侵条約でポーランドの分割を約束
	9月、ドイツは**ポーランドに侵攻**。これをみたイギリス・フランスがドイツに宣戦布告し、第二次世界大戦勃発

A03 　正解ー3

1－誤　三国協商と三国同盟の構成国に誤りがある（**Q02** 参照）。
2－誤　国際連盟にアメリカは終始不参加だった（**Q15** 参照）。
3－正　不戦条約の内容として妥当である。
4－誤　第二次世界大戦は、ドイツのポーランド侵攻を直接の契機として勃発した。
5－誤　大西洋憲章とトルーマン・ドクトリンは全く別である（**Q05** 参照）。

Q04 第一次大戦以降の日本外交

問 我が国をめぐる国際関係に関する次の記述のうち、妥当なのはどれか。 （国家一般）

1 1919年1月～6月にパリ講和会議が開催され、西園寺公望や牧野伸顕などの日本代表団は、米英仏伊とともに五大国の一員として参加した。牧野は、国際連盟規約を作るための委員会で、人種平等の原則を連盟規約に明文で規定することを提案した。しかし、この牧野提案は米英仏に反対され、国際連盟から脱退させられそうになり、結局、我が国は山東省におけるドイツ権益の継承を断念せざるを得なくなった。

2 1939年9月、ドイツ軍がポーランドに侵攻し、第二次世界大戦が勃発した。緒戦におけるドイツの大勝利を見て発足した第二次近衛文麿内閣は、1940年9月、松岡洋右外相の下で日独同盟関係を強化する日独伊三国同盟に調印した。松岡は、さらに米国とのイデオロギー的な対立を深めていたソ連をこの三国同盟に加えて、1941年4月に四国協商を完成させて、対米開戦に備えた。

3 第二次世界大戦後の講和をめぐって、我が国は、米英仏だけでなく中ソも含む全連合国と同時に講和条約を締結すべきであるとの「全面講和論」を貫こうとした。1951年9月、安全保障理事会常任理事国である米英仏中ソは、同時にサンフランシスコで対日講和条約に調印した。しかし翌月、吉田茂内閣が日米安全保障条約を締結すると、ソ連が対日講和条約の批准を拒否したために、我が国の国際連合加盟は実現しなかった。

4 1950年から71年までの間、国際連合における中国の議席を台湾政府（中華民国）と北京政府（中華人民共和国）のどちらが代表すべきか、という「中国代表権問題」が議論された。1971年10月の国際連合総会において、佐藤栄作内閣は米国等と共同で、台湾政府の代表権を維持すべくいわゆる追放反対重要問題決議案を提出したが否決された。その後、台湾政府に代えて北京政府に代表権を与えるといういわゆるアルバニア型決議案が採択された。

5 1971年にニクソン米大統領が、北京訪問及びドル防衛策をめぐって一方的な声明を発したことは、「ニクソン・ショック」として日本政府に対米不信を引き起こした。1972年7月に誕生した田中角栄内閣は、まず、ニクソン政権より先に北京政府との国交樹立を実現した。次に、田中首相は英独仏伊の西ヨーロッパ諸国とともに米国抜きの主要国首脳会議（サミット）を開催した。

PointCheck

●第一次世界大戦と日本……………………………………………………………【★★★】

(1)第一次世界大戦への参戦

　大戦勃発後、日本はドイツに宣戦布告し、中国内のドイツの租借地である青島と太平洋上のドイツ領南洋諸島を占領し、山東省のドイツ利権の継承などを内容とする**二十一カ条の要求**をつきつけた。中国はこれを拒否したが、日本の圧迫により承認させられた。

(2)国際連盟加盟

日本は、戦勝国側としてパリ講和会議に参加し、国際連盟の原加盟国となる。

(3)ワシントン体制

日本はヨーロッパを主戦場とする第一次世界大戦に直接は参加しなかったが、中国のドイツ植民地への干渉などを行い、極東における勢力を伸張させることとなり、アジア太平洋地域の列強間のバランスは変化した。このような状況下に、軍備制限や日英同盟の更新などの問題を話し合うために 1921 年に**ワシントン会議**が開催された。このワシントン会議において、米英日の主力艦の総トン数を 5：5：3 とすることを定めた**海軍軍縮条約**、太平洋における現状維持を取り決めた**四カ国条約**、中国の現状維持を取り決めた**九カ国条約**が締結された。なお、四カ国条約が締結されたことにより、アメリカの思惑どおり、日英同盟は破棄されることとなった。これらの条約を屋台骨とする第一次世界大戦後のアジア太平洋地域の相対的安定化を目指す体制を、ワシントン体制と呼ぶ。

●**第二次世界大戦への日本の参戦の経緯**……………………………………………**【★★★】**

第一次世界大戦において直接の戦場とならなかった日本は、戦中から好景気が続いたが、1923 年頃から貿易が不調になり 1927 年には国内で**金融恐慌**が発生。さらに 1929 年の**世界恐慌**がこれに追い打ちをかけたことで経済が混乱し、社会不安が拡大した。

このような状況の中、台頭してきたのが、経済危機を大陸での支配権拡大で解決することを主張した軍部である。

1931 年　**柳条湖事件（若槻内閣）**　日本の関東軍が中国東北地方（満州）で鉄道爆破事故を起こし、これを口実に軍事行動を起こし、東北地方の大半を占領＝満州事変

1932 年　清朝最後の皇帝溥儀を執政にし、**満州国（日本の傀儡政権）**を建国
　　　　→国際連盟による非難を受けて、日本は国際連盟を脱退（1933 年）

1937 年　**盧溝橋事件（近衛内閣）**　日本の軍部はこれをきっかけに軍事行動を拡大。日中両国は全面的な戦争を開始＝**日中戦争**

1941 年　**真珠湾攻撃（東条内閣）**　日中戦争の長期化による資源不足から南方進出を企てるが、アメリカはこれを牽制して日本への石油禁輸措置をスタート。日米交渉は決裂し、12 月に日本軍はハワイの真珠湾を奇襲し、米英に宣戦

A04　正解ー4

1ー誤　国際社会に初めて人種差別撤廃を提起した牧野案（フランスを含む賛成多数）だったが、アメリカが全会一致の採決を主張し廃案。その後、アメリカは、日本がドイツの山東省権益を継承することを認め、ヴェルサイユ条約で確定した。

2ー誤　松岡の構想した四国協商は成立しなかったが、ソ連との中立条約が締結された。

3ー誤　対日講和は米英ら 49 カ国との単独講和であり、ソ連ら共産主義国を含む全面講和ではない。日本の国連加盟は、日ソ共同宣言の締結後の 1956 年である。

4ー正　これにより、常任理事国も台湾から中華人民共和国に移る（**Q10** 参照）。

5ー誤　1975 年の第 1 回サミットからアメリカは参加。日本の首相は三木武夫である。

Q05 東西冷戦

問 東西冷戦に関する次の記述のうち、妥当なものはどれか。 （国家一般）

1 1947年、アメリカはトルーマン宣言によって全ヨーロッパへの経済援助を提唱したが、ソ連はこれに懸念を覚え、翌年にはチェコスロバキアでクーデターにより共産主義政権を樹立させた。

2 第二次世界大戦後のドイツでは、米英仏三国占領地域において通貨改革が実施されたことを契機として、ソ連がベルリン封鎖を敢行したが、これが解かれた1949年、東西ベルリンを分かつベルリンの壁が構築された。

3 1949年、東西冷戦の進展によってソ連は中国を自らの勢力圏に引き入れようと画策し、共産党政権の樹立を積極的に支援した結果、1950年には中ソ友好同盟相互援助条約が締結されるに至った。

4 1950年、北朝鮮（朝鮮民主主義人民共和国）軍が38度線を越えて南に侵攻したことから、いわゆる朝鮮戦争が勃発したが、その背景には米ソの勢力圏争いがあり、同戦争の終結後にアジアも冷戦体制に巻き込まれることになった。

5 1962年、キューバにソ連製ミサイルが配備されたことから、ケネディ政権によるキューバの海上封鎖が敢行されたが、これによって米ソ関係は急速に悪化し、両首脳間のホットラインも一時凍結された。

PointCheck

●東西冷戦の開始‥‥‥‥‥‥‥‥‥‥‥‥‥‥‥‥‥‥‥‥‥‥‥‥‥‥‥‥【★★★】

米ソは、ロシア革命以来、政治経済体制の違いから、相互に不信感を抱いていたが、第二次世界大戦中は連合国側として共に戦った。しかしながら、大戦末期から、徐々に足並みが揃わなくなり、ついに決定的な東西対立の構図が固定化してしまう。

(1)鉄のカーテン演説

イギリスの前首相チャーチルは、1946年に**「ヨーロッパが鉄のカーテンによって分断されている」**という演説を行った。これは、ソ連がヨーロッパにおいて自らの勢力圏を西へと拡大しようとしているという危機的状況をアメリカに気づかせるためのものであった。

(2)トルーマン・ドクトリン

鉄のカーテン演説を受け、アメリカのトルーマン大統領は1947年3月に**ギリシャ・トルコに対する経済・軍事援助**を行うことを発表する。この中で、トルーマン大統領は**全体主義体制を押しつける勢力（ソ連）と自由と独立を求める諸国民（アメリカ中心）との対立**という図式をはじめて示したため、「**トルーマン・ドクトリンによって冷戦が開始**」されたということができる。

(3)マーシャル・プラン

トルーマン政権のマーシャル国務長官は、1947年6月に**第二次世界大戦で疲弊したヨー**

ロッパの経済復興を援助する計画を発表した。この計画は全ヨーロッパを対象としていたが、ソ連の圧力により、西側ヨーロッパ諸国だけが受け入れることとなった。

⑷チェコスロバキア政変

アメリカに対抗し、ソ連は 1947 年にコミンフォルム（共産党・労働者等情報局）を結成させた。さらに、1948 年にはチェコスロバキア政変を起こしてこれを共産主義国化した。

⑸対ソ軍事同盟、北大西洋条約機構（NATO）の成立（1949 年）

●**第二次世界大戦直後のドイツ**…………………………………………………………【★★★】

第二次世界大戦後、ドイツはアメリカ、イギリス、フランス、ソ連の４カ国によって分割統治され、首都ベルリンも４カ国の共同管理下に置かれていた。

⑴ベルリン封鎖（1948 年）

西側占領地区でソ連に対抗するため通貨改革実施→反発したソ連は、西側占領地区からベルリンへの陸路を遮断し、**西ベルリンへの生活物資の供給を停止**→西側は**必要物資を空輸する**という作戦で乗り切る→西側の結束が世界に示される

⑵東西ドイツの成立とベルリンの壁の建設

ベルリン封鎖は翌年に解決→1949 年、ドイツは**西側占領地区＝西ドイツ、東側占領地区＝東ドイツ**という分断国家に→東ドイツから、多くの人々が**西ベルリン経由で西ドイツに亡命**→これを防止するために、東ドイツ政府は 1961 年に「**ベルリンの壁**」を建設

●**冷戦初期の中ソ関係**…………………………………………………………………………【★★☆】

第二次世界大戦中、中国共産党とソ連共産党は反目しあっており、蔣介石率いる中国国民党政府と中ソ友好同盟条約が締結されていた。しかし 1949 年に中華人民共和国が成立すると、その直後、共産党政府と中ソ友好同盟相互援助条約を結び、自由主義陣営対社会主義陣営という冷戦の構図を背景に、両者の一枚岩的団結を西側陣営に対してアピールした。

A05 正解ー4

1－誤 トルーマン宣言は、全ヨーロッパへの経済援助ではなく、ソ連の封じ込めを目的とするギリシャ・トルコへの軍事・経済援助を打ち出すもので、冷戦の開始の契機となった。

2－誤 ベルリンの壁の建設は、ベルリン封鎖直後ではない。

3－誤 ソ連は第二次世界大戦中は国民党と密接な関係にあり、共産党政権の樹立を支援したという事実はない。

4－正 朝鮮戦争とアジアにおける冷戦体制の固定化に関する妥当な記述である（**Q07** 参照）。

5－誤 核戦争の瀬戸際まで陥る事態を経験した米ソ両国は、キューバ危機がソ連によるミサイル撤去により解決した後は関係を改善させる方向に向かい、その後緊張緩和（デタント）が訪れた（**Q07**、**Q08** 参照）。

Q06 封じ込め政策

問 「封じ込め政策」に関する次の文章の空欄A〜Eに入る語句の組合せとして、妥当なものはどれか。 (地方上級)

　「封じ込め政策」とは、アメリカ大統領（ **A** ）によって発表された（ **A** ）・ドクトリンに基づく（ **B** ）のことである。これは（ **C** ）を基本的に（ **D** ）的であるととらえ、これを阻止してアメリカを中心とする自由主義・資本主義ブロックの発展を確保しようとする考え方である。（ **E** ）が外交評論雑誌に匿名で寄稿したいわゆるX論文によって明確にされて以来、アメリカの対（ **C** ）政策の基本方針となった。

	A	B	C	D	E
1	アイゼンハワー	中東政策	イラン	復古主義	W. リップマン
2	トルーマン	対ソ包囲政策	ソ連	膨張主義	G. ケナン
3	ケネディ	カリブ海政策	キューバ	親ソ	R. マクナマラ
4	ニクソン	アジア政策	ベトナム	親中国	H. キッシンジャー
5	レーガン	中国敵視政策	中国	アジア主義	G. シュルツ

PointCheck

◉冷戦初期のアメリカの対ソ戦略―封じ込め政策‥‥‥‥‥‥‥‥‥‥‥‥‥【★★★】
　民主党のトルーマン大統領は、ソ連による対外進出を、勢力圏を拡大し親ソ政権を打ち立てる膨張主義ととらえ、アメリカが軍事・経済援助を行うことでソ連を包囲し、勢力拡大を封じ込めようとした。この政策は、G. ケナンによるX論文を基にしている。

◉ X論文 理解を深める ‥‥‥‥‥‥‥‥‥‥‥‥‥‥‥‥‥‥‥‥‥‥‥【★★☆】
　1946年ソ連勤務の外交官ケナンは、本国にソ連の敵対的行動を分析した長文電報を送り、1947年には匿名で「X論文」（原題：「ソ連行動の源泉」）を『フォーリン・アフェアーズ』に寄稿した。共産主義イデオロギーによるソ連の長期的な膨張傾向に対し政治的封じ込めを提唱したものだったが、実際は1949年のNATO結成にみられるように、主として軍事的封じ込め路線が敷かれた。なお、ケナンは国際関係理論では、現実主義者として知られる。

◉冷戦中期のアメリカの対ソ戦略―巻き返し政策と大量報復戦略‥‥‥‥‥‥‥【★★★】
　1953年、共和党のアイゼンハワー大統領は、対ソ外交の基本政策として、巻き返し政策と大量報復戦略を採用した（まとめて、ニュールック戦略という）。これらは大統領選挙での公約である対ソ強硬姿勢と予算の均衡を実現するために策定されたものである。
⑴巻き返し政策
　アイゼンハワーのもとで国務長官となったダレスは、トルーマン政権の封じ込め政策は消

極的かつ敗北主義的であると非難し、共産主義政権下で圧政に苦しんでいる国民を解放するような積極的な外交政策を展開すべきだと主張した。これが巻き返し政策である。

(2)大量報復戦略

　ダレスは、費用のかかる通常兵器やヨーロッパにおける米軍駐留費の削減のために、ソ連に対して優位に立っている核兵器による圧倒的反撃能力をみせつけ、ソ連の動きを牽制する戦略を提案した。**「ソ連のヨーロッパに対するいかなる攻撃にも核兵器で対抗する」**とする**アイゼンハワー政権における核戦略を大量報復戦略という。**

　また、アイゼンハワー大統領は、1956 年のスエズ動乱（第二次中東戦争）以降の中東における親西側政権を支持するため、経済的・軍事的援助を与えて積極的に介入する政策として「アイゼンハワー・ドクトリン」を 1957 年に発表。世界共産主義に支配された国家からの公然たる武力攻撃に対しては、現地政権の要請を受けて反撃を行うとした。

●柔軟反応戦略 ....【★★★】

　1961 年に発足した民主党のケネディ政権は、それまでの、核兵器の使用に頼った大量報復戦略を見直し、**ソ連の挑発の程度に応じて軍事力を発動するというエスカレーション論に基づく柔軟反応戦略を新たに打ち出した。**このような戦略転換の背景には、ソ連の核戦力が発達したことで、大量報復戦略の限界が認識されるようになったことがある。さらに、マクナマラ国防長官は、米ソ間の核抑止を強固にするものとして、相互確証破壊を提唱した。柔軟反応戦略と相互確証破壊は、その後、冷戦崩壊まで米ソ戦略の中心となった。

●相互確証破壊　理解を深める ....【★★☆】

　先制核攻撃（第一撃）に対し、これを受けた側は残存する核戦力で相手に壊滅的な反撃を与える（第二撃）ことができる状態に両国を置くことで、相互に抑止を成立させる考え方。**先に核を使った国が、反撃により致命的な被害を受ける状態を作るという、**いわば恐怖の均衡。これが成立するためには、それぞれが第二撃で壊滅的な被害を受けるように自国の脆弱性をキープしておく「脆弱性の均衡」も必要となる。

●戦略防衛構想（SDI）..【★★★】

　1979 年、ソ連によるアフガニスタン侵攻によりデタントは終わりを告げ、米ソ関係は再び新冷戦と呼ばれる厳しい対立の時代に入る。そのようななかで 1981 年に共和党のレーガン大統領は、対ソ強硬路線を打ち出し、軍事力でソ連を圧倒すべく、大規模な軍拡を行う。このレーガン政権において発表されたのが戦略防衛構想（SDI）である。これは、宇宙衛星などの**最新技術により核攻撃を無力化する構想**であったが、実現はしなかった。

A06 　正解ー2

　「封じ込め政策」は、民主党のトルーマン大統領が G. ケナンの「X論文」を参考に、ソ連の膨張主義への対抗策として提唱した初期の冷戦戦略である。トルーマンの次のアイゼンハワー政権での、「巻き返し戦略」と混同しやすいので注意が必要である。

Q07 東西対立

問 第二次世界大戦後の東西対立に関する次の記述のうち、妥当なものはどれか。(地方上級)

1 日本の敗戦後、韓国は独立し、朝鮮半島全土で共産党を除いた総選挙が行われたが、共産党はこの選挙を認めず、ソ連占領地域である朝鮮半島北部を実質的に支配し、ソ連軍とともに半島南部に侵攻した。アメリカ軍の支援を受けた韓国軍との戦いは膠着状態となり、中国の仲介があって停戦が実現した。

2 中国では国民党が共産党との内戦に敗れて台湾に逃れ、その地で中華民国を維持する一方、中国大陸では中華人民共和国の建国が宣言された。しかし中華人民共和国の国連代表権は、アメリカなどの承認が得られず承認されなかったが、1970年代に入って中華民国に代わって国連の代表権を得た。

3 ベトナムでは北ベトナムの独立宣言を旧宗主国であるイギリスが承認せず、南部に親英国の南ベトナムを独立させた。しかしイギリスは中国の支援を受けた北ベトナム軍に敗れ、引き続いて南ベトナムを援助したアメリカ軍も撤退した。

4 ベルリンはソ連に占領されたが、西ドイツ領に囲まれていたため自由を求めベルリンから西ドイツに脱出する人々が多かった。ソ連はベルリンを囲む壁を築き一般の交通を遮断し、東ドイツ領内から戦車隊を使い物資を運び入れたため緊張が高まったが、西ドイツが脱走者の受入れを中止したため緊張は緩和した。

5 キューバは革命によりスペインから独立し共産主義国となったが、独立を認めないアメリカに対抗するためソ連から核ミサイルを搬入した。アメリカがカリブ海を封鎖し経済制裁をすると、アメリカ資本に経済を頼っていたキューバは一転して米ソ等距離政策をとり、核戦争の危機が避けられた。

PointCheck

●朝鮮戦争の経緯‥‥‥‥‥‥‥‥‥‥‥‥‥‥‥‥‥‥‥‥‥‥‥‥‥‥‥‥‥‥‥‥‥‥【★★★】

　1910年の日韓併合以来、日本の植民地とされていた朝鮮半島は、第二次世界大戦での日本の敗戦により、北緯38度線を暫定境界線として、北部をソ連、南部をアメリカが分割占領した。1947年には国連の提案による総選挙を朝鮮半島全土で実施する予定だったがソ連がこれを拒否し、**1948年には大韓民国(李承晩大統領)、朝鮮民主主義人民共和国(金日成首相)**がそれぞれ成立した。

　1950年6月25日、ソ連の支援を受けた北朝鮮軍は38度線を越えて南進を開始。直後にアメリカは国連安保理(ソ連は中国の代表権をめぐりボイコットしていた)で、北朝鮮側への戦争行為の即時中止と38度線への撤退を要求する決議を通過させた。さらに国連軍創設決議に基づき、**マッカーサーを総司令官とするアメリカ軍中心の国連軍を派遣**(**Q19**参照)、国連軍は仁川上陸作戦によって北朝鮮軍を中国国境まで追い詰めた。

1950 年 10 月　中国の人民義勇軍が北朝鮮支援のため参戦
　　↓　　　　　北緯 38 度線で両軍は膠着状態に
1953 年　3 月　スターリンが死去したことをきっかけに和平交渉へ向かう
　　　　　7 月　板門店にて休戦協定調印

　朝鮮戦争は、ヨーロッパで発生した冷戦がアジアでは熱戦を招いたこと、アジア地域が冷戦体制に組み込まれたこと、朝鮮半島の分断が固定化されたことなど多くの影響を与えた。しかしその後、米ソ両国は対立を緩和させる「雪解け・平和共存」の時代へと入っていく。

●キューバ危機…………………………………………………………………………【★★★】
　キューバ危機は、雪解け・平和共存の時代を終わらせ、世界を核戦争の瀬戸際まで引き込んだ冷戦期における大事件である。
1959 年　キューバで革命により**カストロ政権が成立**→共産主義国化
　　↓　　アメリカとの関係が悪化。キューバはソ連に接近し、経済・軍事援助を受ける
1962 年　アメリカの偵察機が**キューバ国内にソ連の核ミサイル基地を発見**
　　　　　アメリカは撤去を要求するがソ連がこれを拒否

　アメリカは**キューバを海上封鎖**することを決定、一触即発の事態に至ったが、最終的にソ連がミサイル撤去を受け入れ、危機を回避した。

A07　正解－2

1－誤　予定されていた朝鮮半島全土での選挙は行われず、朝鮮半島は南北の分断国家として成立した。両国の成立後に朝鮮戦争は起きている。
2－正　中国共産党政府は、1971 年に国連加盟が承認された（**Q10** 参照）。
3－誤　ベトナムの旧宗主国はフランスで、北ベトナムの独立を認めず、これに対抗するため南ベトナムを成立させた。フランスはインドシナ戦争後に撤退し、その後ベトナム戦争の終結までアメリカが南ベトナムを援助し続けた（**Q08** 参照）。
4－誤　第二次世界大戦後、ドイツが米英仏ソによる分割占領下にあった頃にソ連が行ったベルリン封鎖と、その後、東ドイツが建設したベルリンの壁とを混同させた記述である（**Q05** 参照）。
5－誤　キューバは、スペインから 1902 年に独立した後、親米的な政権が続いていたが、カストロ政権の誕生によってアメリカとの関係が悪化したために、それがソ連への接近につながり、キューバ危機を招いた。

17

Q08 アジアの冷戦

問 アジアの冷戦に関する次の記述のうち、妥当なものはどれか。 (国家一般)

1 　西欧諸国による植民地支配は否定しながら、共産党政権も認められない、これがアメリカの対アジア政策のジレンマだった。ベトナムでは、すでに1954年のジュネーブ協定以前から、共産系のベトナム独立同盟を排除する試みを続けていた。

2 　1949年の建国以来、中華人民共和国はアメリカへの軍事的対抗を明らかにし、ソ連と連帯して東アジア地域を解放すると宣言していた。1950年6月、中国義勇軍の支援を受けた朝鮮民主主義人民共和国軍は、38度線を南下して軍事侵攻を行った。

3 　フィリピンでは、はやくも1946年に独立共和国が成立し、親米勢力を中心とするロハス政権が生まれたが、毛沢東主義を掲げる共産党のゲリラ活動が続き、1949年には左派の人民党政権が成立した。

4 　ベトナム戦争は、米国による南ベトナム政府への軍事援助から、北ベトナム政府に対する直接の攻撃に発展した。ディエン・ビエン・フーの陥落により、米国は北ベトナム領内へ爆撃（北爆）を開始した。

5 　インドネシアでは、国軍・国民軍・共産党の3者の均衡に依存するスカルノ体制が続いたが、9・30事件によって共産党員の反乱とされる事件を鎮圧した後、スハルト大統領の下で西欧的な民主政治が確立した。

PointCheck

●ベトナム戦争の経緯……………………………………………………………………【★★☆】

⑴インドシナ戦争

　ベトナムを含むインドシナはフランスの植民地であったが、太平洋戦争中は日本が占領していた。日本軍が敗戦により引き上げると、1945年9月、ベトナム独立同盟（ベトミン）は、インドシナ共産党の創設者である**ホー・チ・ミンを大統領とするベトナム民主共和国（北ベトナム）**の独立を宣言した。しかし植民地支配の復活を求めていたフランスはこれを認めず、1946年に**インドシナ戦争**が勃発した。フランスは1949年に北ベトナムに対抗するため、**元ベトナム皇帝バオ・ダイを元首とするベトナム国（南ベトナム）**を成立させた。アメリカは当初、反植民地主義的な主張を行っていたが、この頃から、東南アジアにおける共産主義の浸透を脅威とする立場をとるようになり、フランスのインドシナ支配を支持。中国とソ連がホー・チ・ミン政権を承認して軍事援助を行うようになると、アメリカのトルーマン政権はバオ・ダイ政権への軍事援助を決定する。1954年にフランス軍の要塞であるディエン・ビエン・フーが陥落し、インドシナ休戦協定がジュネーブで締結され、北緯17度線を暫定的軍事境界線として南北に分割することが決定した。

⑵ベトナム戦争

　1955年　アイゼンハワー政権は**ドミノ理論（ある地域が共産主義化すると、これに隣接**

する地域も次々と共産主義化してしまうとする考え方）に基づき親米反共主義
者である南ベトナムのゴ・ジン・ジェム大統領に対して軍事援助を開始
1960 年　ゴ・ジン・ジェムの圧政に反対する人々は南ベトナム解放民族戦線をベトナム
労働党の指導により結成
ケネディ大統領はこれに対抗するために南ベトナムに軍事介入を行うがゴ・ジ
ン・ジェムは軍部クーデターによって殺害される
1964 年　**トンキン湾事件**（アメリカ海軍駆逐艦が北ベトナムの攻撃を受ける）
ジョンソン大統領はトンキン湾決議により戦時権限を得て、**北ベトナムへの北
爆を開始→アメリカ対北ベトナムの戦争へと発展**
1968 年　南ベトナムでテト攻勢やアメリカ軍による虐殺の報道、全米でベトナム反戦運動
1970 年　ニクソン大統領は、**ニクソン・ドクトリンを発表、アメリカ軍漸次撤退**
1973 年　**パリ和平協定の締結により、アメリカ軍は全面撤退**
1975 年　**北ベトナム軍によりサイゴンが陥落**（ベトナム戦争終結）
1976 年　ベトナム社会主義共和国誕生により南北統一

●**デタントと多極化**‥‥‥‥‥‥‥‥‥‥‥‥‥‥‥‥‥‥‥‥‥‥‥‥‥‥‥【★★★】
　キューバ危機で核戦争の危機を経験した米ソは、その後接近し、協調路線をとるようにな
る。このような 1963 年から 1970 年代にかけての米ソ接近の動きを「**デタント**」（緊張緩和）
と呼ぶ。その象徴的な出来事が以下の 2 つである。
　①**ホットライン協定**（米ソ直通テレタイプ回線協定）の調印（1963 年）
　②**部分的核実験禁止条約（PTBT）**の締結（1963 年）
　しかしながら同時に、この米ソ接近は、米ソ二極からなる冷戦の基本構造を弛緩させるこ
ととなり、各国は米ソから離れ、独自の外交を行う傾向をみせはじめる。これを多極化と呼
ぶ。その代表的な例としてド・ゴールが大統領となったフランスが核武装をし、NATO の
軍事機構から脱退（1966 年）したことや、中国とソ連の一枚岩的団結が崩れて対立が深刻
化し、両国間で軍事衝突にまで発展したダマンスキー島事件（1969 年）などが挙げられる。

A08 正解ー1

1ー正　アメリカは当初、反植民地的な主張を行い、フランスによる植民地支配復活へ
の動きに反対していたが、アジアにおける共産主義の浸透を阻止したいとの立
場から、徐々にフランスによるインドシナ支配を支持するようになった。
2ー誤　朝鮮戦争における中国義勇軍の参戦は、1950 年 10 月、国連軍が中国との国
境に迫ってからである（**Q07** 参照）。
3ー誤　日本の敗戦後 1946 年に独立国となったフィリピンでは、抗日戦線を戦った共
産主義勢力との抗争が続いたが、1954 年までに政府軍に制圧された。
4ー誤　アメリカが北爆を開始するきっかけとなったのはトンキン湾事件である。
5ー誤　スハルト大統領は「開発独裁」といわれる経済開発を実現するために上からの
統制を行う強権的な体制を敷いた（**Q51** 参照）。

Q09 第二次大戦後のアメリカ外交

問 第二次世界大戦後のアメリカ外交に関する次の記述のうち、妥当なものはどれか。

（国家一般）

1 ルーズヴェルト大統領は、第二次世界大戦遂行のためにソ連との協力関係を重視したが、ルーズヴェルトの死去により大統領に昇格したトルーマンは、ギリシア・トルコへの援助のためにトルーマン・ドクトリンを発表し、ソ連封じ込め政策を採用した。

2 アイゼンハワー大統領は、ニュールック戦略を唱えて従来のソ連封じ込め政策を見直し、地域紛争への不干渉を主張して米ソ交渉の推進を図ったため、米ソ関係は急速に好転した。その結果、西ドイツの主権回復や日ソ国交正常化なども進むことになった。

3 前任者と逆に、ケネディ大統領はソ連に対する抑止戦略を強化し、特にキューバ・ミサイル危機の後は、核兵器増強を中心とする対ソ強攻策を積極的に追求した。また、ベトナム戦争における北爆に見られるように、地域紛争に対する介入もこの時期に進んだ。

4 ニクソン大統領の下で補佐官を務めたキッシンジャーは、中国を牽制する目的からソ連との関係強化を模索し、米ソ戦略兵器制限交渉（SALT Ⅰ）を進めたために、米国と中国の緊張が一挙に増大することになった。

5 ベトナム戦争への反戦と反核世論の激化を背景として、第1期レーガン政権はソ連との緊張緩和と軍縮の提案を進めた。これに、ソ連のゴルバチョフ書記長の新思考外交が組み合わさった結果、戦後初の軍縮条約ともいえる中距離核兵器（INF）全廃条約の締結が実現した。

PointCheck

●冷戦期のアメリカ大統領･･･【★★★】

(1)トルーマン（1945〜53年）

ルーズベルト大統領の死後、副大統領から大統領に就任。日本への原爆投下を司令し、ポツダム宣言を発表した。

①出身政党：民主党、②主要な大臣：マーシャル国務長官、③政策と出来事：トルーマン・ドクトリン、**マーシャル・プラン**、NATO結成

(2)アイゼンハワー（1953〜61年）

20年ぶりの共和党の大統領アイゼンハワーは、対ソ強硬姿勢で知られる。朝鮮戦争後の雪解けムードの中、訪ソ計画があったが、アメリカのU2偵察機がソ連国内で撃墜される事件が起きたことにより実現しなかった。

①出身政党：共和党、②主要な大臣：**ダレス国務長官**、③政策と出来事：**ニュールック戦略（巻き返し政策・大量報復戦略）**、アイゼンハワー・ドクトリン、朝鮮戦争停戦、スエズ動乱（第二次中東戦争）

⑶ケネディ（1961 ～ 63 年）

①出身政党：民主党、②主要な大臣：マクナマラ国防長官、③政策と出来事：キューバ危機、柔軟反応戦略

⑷ジョンソン（1963 ～ 69 年）

ケネディの暗殺により、副大統領から昇格したジョンソンはベトナムへの北爆を開始したことで知られる。

①出身政党：民主党、②主要な大臣：マクナマラ国防長官、③政策と出来事：ベトナム戦争に介入・泥沼化

⑸ニクソン（1969 ～ 74 年）

ニクソンは、勢力均衡の信奉者であるキッシンジャーとともに、ソ連を孤立させるための現実主義的な外交を行い、米中和解を実現した。

①出身政党：共和党、②主要な大臣：国家安全保障担当補佐官キッシンジャー（1973 年より国務長官）、③政策と出来事：ベトナム戦争からの撤退、ブレトン・ウッズ体制の崩壊、ニクソン訪中、ウォーターゲート事件により辞任

⑹レーガン（1981 ～ 89 年）

①出身政党：共和党、②主要な大臣：ベーカー（第 1 期は大統領首席補佐官、第 2 期は財務長官）、③政策と出来事：〈第 1 期〉新冷戦を背景とした大軍拡、SDI 構想、レーガノミクス（大幅減税、規制緩和、国防費以外の財政支出の削減などの経済再建政策）、〈第 2 期〉新冷戦の終結、プラザ合意、INF 削減条約

⑺ブッシュ（1989 ～ 93 年）

①出身政党：共和党、②主要な大臣：ベーカー国務長官、③政策と出来事：マルタ会談、冷戦終結、湾岸戦争、43 代ブッシュ（2001 ～ 09 年）の父

⑻クリントン（1993 ～ 2001 年）

①出身政党：民主党、②主要な大臣：ゴア副大統領、③政策と出来事：情報スーパーハイウェイ構想、クリントノミクス（財政黒字達成）、砂漠の狐作戦（イラク空爆）

A09 正解ー1

1－正 冷戦初期におけるトルーマン外交に関する妥当な記述である。

2－誤 ニュールック戦略は対ソ強硬戦略である（Q06 参照）。

3－誤 キューバ危機後、米ソの対立は緩和し、デタント（緊張緩和）と呼ばれる時代が訪れた。また、ベトナムへの北爆を開始したのはジョンソン大統領である。

4－誤 勢力均衡外交の信奉者であるキッシンジャーは、中ソの関係悪化に乗じてソ連を牽制するために中国に接近し、ニクソン大統領の訪中を実現させ、米中和解を成し遂げた。

5－誤 第 1 期レーガン政権は、新冷戦という背景の下、対ソ強硬路線がとられ、大規模な軍拡を行った。INF 条約の締結は第 2 期レーガン政権において実現した。

Q10 米中関係

問 米中関係に関する次の記述のうち、妥当なものはどれか。 （国家一般）

1　内政不干渉の原則に基づき、アメリカ合衆国は、中国の国共内戦に際しては中立を維持した。しかし、国民党が台湾に逃れると、アジアにおける共産化の拡大を恐れたF.ルーズベルト大統領は、国民党側に武器援助を開始した。

2　文化大革命期の中国は、対外的には、ソ連などの共産主義諸国と友好関係を築いたが、アメリカ合衆国を中心とする資本主義諸国とは敵対する姿勢を示した。これに対して、ジョンソン大統領は、ソ連とのデタントを進め、中ソ間の分断を図った。

3　ニクソン大統領は、日中国交回復など西側諸国と中国との国交が回復され始めたことから、共産主義勢力封じ込め政策を放棄し、米中の国交を回復させた。しかし、国民党政権下の台湾についても国家として承認し、軍事援助を続けた。

4　民主化を要求する学生や市民を軍が制圧した天安門事件が起こり、レーガン大統領はこれを非難した。江沢民主席の訪米時に、両首脳は、この事件について、不可避な措置だったが誤りもあったとの共同声明を出し、両国の関係改善がなされた。

5　台湾の李登輝総統の「二国論」に反発した中国は、台湾に対する武力行使の可能性を示唆した。クリントン大統領は、「一つの中国」を確認し中国側の自重を求め、台湾に対しては従来の援助政策に変化のないことを約束した。

PointCheck

◉中華人民共和国と台湾‥‥‥‥‥‥‥‥‥‥‥‥‥‥‥‥‥‥‥‥‥‥‥**【★★☆】**

(1)国共内戦…中国国民党（蔣介石）と中国共産党（毛沢東）

1937年　日中戦争の勃発
　　　　第二次国共合作（中国国民党と中国共産党の提携）

1945年　双十協定（中国の平和統一を目指す）

1946年　アメリカの支援を受けた中国国民党が中国共産党への攻撃を開始
　　　　中国国民党は首都を南京に戻し、蔣介石は総統に

1947年　中国共産党は農民を共産党軍に吸収し、**「人民解放軍」**を結成
　　　　中国国民党への反撃を開始

1949年　中国国民党は長江以北を放棄せざるをえなくなり、年末までにチベット、台湾を除くほぼ中国全域が中国共産党の支配下に
　　　　同年10月、北京で毛沢東は**「中華人民共和国」の成立を宣言**
　　　　敗北した中国国民党率いる蔣介石は12月に台湾に脱出

　　　　中国大陸：中国共産党が支配する**中華人民共和国**
　　　　　　台湾：中国国民党が支配する**中華民国**
　　　　　　　→海を挟んでの両者の対立が始まる

問題でPoint を理解する
Level 1 Q10

第1章
第2章
第3章
第4章
第5章

⑵冷戦体制中の台湾

①朝鮮戦争の勃発

1950 年に朝鮮戦争が勃発したことにより、アジアが冷戦構造に組み込まれる。

→アジア地域での勢力圏争いにおける台湾の重要性が高まる

→アメリカは北朝鮮に肩入れする中国に対抗し、台湾への経済・軍事援助を開始

②国連からの追放

1945 年　国連における中国政府の代表権は当初中華民国（国民党）に

1971 年　中華人民共和国が国連における中国代表権を得る

多くの国が中国と国交を結ぶことになる（1972 年日本、1979 年アメリカ）

「**一つの中国**」との認識に立つ

※アメリカは「台湾関係法」を作り、万一、台湾の安全が脅かされることになったら台湾を支援することを規定。

知識を広げる

中国・台湾の立場

⑴台湾をめぐる中国の考え（一国二制度）

中国政府は、香港やマカオのように、制度は異なるが、それを認めた上で同じ中国に帰属するという方法。台湾の統一についても、この概念が用いられる。

⑵台湾の考え

①中国国民党時代…「中国統一」

②李登輝は 1999 年に中台関係を「特殊な国と国との関係」と発言＝**二国論**

※独立を達成したい台湾とそれを阻止したい中国との対立は続いている。2007 年 10 月に「台湾」名義でなされた国連加盟申請も受理されなかった。

A10　正解－5

1－誤　中国国民党が台湾に逃れた時にはルーズベルトはすでに死去している。国共内戦が終結した 1949 年にアメリカ大統領の座にあったのはトルーマンである。またアメリカがアジアにおける共産化の拡大の脅威から、台湾への軍事援助を開始したのは朝鮮戦争後のことである。

2－誤　1965 年に起きた文化大革命は、毛沢東の「継続革命」理論に基づいたものであり、ソ連の革命理論とは異なる。この両者の社会主義革命に対する考え方の違いこそが中ソ対立の原因であり、1960 年代は最も激化した時期であった。

3－誤　アメリカは、1979 年に中華人民共和国を承認しているが、台湾を国家として承認したとの事実はない。

4－誤　学生による民主化運動を武力鎮圧した天安門事件後、中国は各国から非難を受けたが、中国政府は、この時の措置を誤りであったとは未だ認めていない。

5－正　アメリカは、建前上「一つの中国」の原則をとっているが、台湾との関係も密接である。

Q11 国際政治の歴史と概念

問 国際関係の歴史と概念に関する次の記述のうち、妥当なのはどれか。　　　　（国家一般）

1 　主権国家（sovereign states）という概念は、11世紀頃から国際社会に存在していた。例えば、中世ヨーロッパには大小あわせて約350の領邦がひしめきあっていたが、それらを統治する領主には、ローマ教皇やローマ皇帝の権威は及ばなかった。つまり、領邦国家は主権をお互いに認め合い、自立した存在として国際活動を展開していた。

2 　同盟（alliance）とは、何らかの仮想敵国に対して国家の間で軍事行動における協調行動に合意した状態を指す概念であり、日米同盟や北大西洋条約機構（NATO）などのように国際社会に平和や安定をもたらすために形成されるものである。実際、国際政治の歴史上、同盟の形成が戦争やその拡大をもたらしたような事例は存在しない。

3 　封じ込め（containment）という概念は、1930年代にドイツでナチズムのイデオロギーをもとにした拡張主義的な政策が展開されている状況下で、米国が英国などと共に、対独政策の戦略概念として採用された。しかし、その概念は軍事的なものよりは政治的なものであったので、結局、ナチス・ドイツの対外進出を阻止することはできずに第2次世界大戦の勃発を防ぐことはできなかった。

4 　デタント（détente）は、緊張緩和を意味するフランス語で、冷戦の対立を緩和する政策概念として使われた。例えば、1960年代にフランスのドゴール大統領は、NATOの軍事機構脱退やソ連東欧圏への接近を「デタント」として正当化した。このような政策への反発から、1970年代に米国のニクソン政権は、核軍拡を推し進め、強硬な対ソ政策を展開した。

5 　人道的介入（humanitarian intervention）とは、主権国家内部で生じた大量虐殺や大規模な飢餓、難民・国内避難民の大量流出などの深刻な人道的危機に対して、人道救援目的で展開される国際社会の活動を指す概念である。人道的介入は、内政不干渉原則や武力不行使原則などと抵触すると批判される場合もあるが、20世紀末にはソマリア、ボスニア、コソボなどにおいて実施されている。

PointCheck

●主権国家と国民国家 ………………………………………………………………………【★★★】

　主権国家という概念は、三十年戦争後のウェストファリア体制によって確立される。この後に国家を主体とする近代国際社会が成立することになる。これに対して、**国民国家という概念は、フランス革命により誕生するが、ナポレオン戦争後のウィーン体制（革命前に戻す正統主義）で抑圧される。**しかし、いち早く国民国家・国民経済を確立したイギリス・フランスを手本に、19世紀ヨーロッパで国民国家の形成が進展し、第一次世界大戦後のナショナリズムに基づく民族解放運動へとつながっていく。

問題でPoint を理解する
Level 2 Q11

第1章
第2章
第3章
第4章
第5章

● 第一次大戦後の民族解放と民族国家 ･･････････････････････････････････【★★★】

1918 年に開始されたパリ講和会議は、ウィルソンの 14 カ条の平和原則を基礎とする（秘密外交の廃止、海洋の自由、関税障壁の廃止、軍備縮小、**ヨーロッパ諸国民の民族自決**、植民地問題の公正な解決、国際平和機構の設立など）。しかし、欧米列強はアジアやアフリカ地域の植民地の維持を主張したため、**民族自決権の適用は旧ロシア、オーストリア、オスマン帝国の支配下にあった民族に限られた**。

そうではあっても、ウィルソンやレーニン（「平和に関する布告」を提唱）ら大国指導者が提唱した民族自決原則は、アジア地域の人々にも大きな影響をもたらし、各地でさまざまな民族運動が生ずることとなる。**五・四運動**（1919 年、二十一カ条要求に反対して中国で起きた反日運動）、**三・一運動**（1919 年、日本の統治下にあった朝鮮で起きた独立運動）、**ガンディーの非暴力不服従運動**（1920 年、イギリスの支配下にあったインド国民議会大会での運動）がその代表である。

また、オランダの支配下のインドネシアではスカルノを党首とする国民党、フランスが支配するインドシナではホー・チ・ミンのベトナム共産党が中心となり、それぞれ独立を掲げる民族運動が広がりをみせる。しかし、太平洋戦争で日本の侵略を受けた後、これらの地域が独立を達成したのは第二次世界大戦の終結後であった。

Level up Point!　主権国家・国民国家・民族国家や、同盟・集団安全保障・冷戦体制など、歴史の中でどのように登場してくるかをしっかり確認しなければならない用語は多く出題される。しかし、本問の「人道的介入」のような、いまだ明確な定義がされないテーマが取り上げられることもある。このようなテーマでは、その問題の所在・核心を確認しておくことが大切となる。

A11　正解— 5

1 －誤　16 世紀に初めて絶対権力としての「主権」概念を提起したのは J. ボダンで、11 世紀中世ヨーロッパ（封建制）の領邦国家に主権概念はない。主権国家体制は三十年戦争後のウェストファリア会議で成立する（**Q01** 参照）。

2 －誤　軍事同盟が牽制し合いバランスを形成するのは勢力均衡体制で、第一次・第二次世界大戦はともに対立同盟間の均衡が破綻して開戦、拡大した（**Q02** 参照）。

3 －誤　冷戦初期のアメリカの対ソ戦略が「封じ込め」である（**Q06** 参照）。1930 年代の国際情勢は、①大戦後の反戦・平和主義、②世界恐慌で米英の経済的影響力後退、③共産主義勢力に対する牽制状態にあり、米英は当時ナチスに対する期待もあり、ドイツの軍備増強にも宥和政策をとっていた。

4 －誤　デタントは特に米ソ 2 国間の接近を指す（**Q08** 参照）。ド・ゴール大統領のNATO 脱退・核武装などは、米ソ二極構造の変化から発生した「多極化」と呼ばれる。

5 －正　人道的介入の法的性格・限界や、肯定・否定とその根拠には諸説あるが、現実にイラク、ソマリア、ボスニア、ルワンダ、コソボで実施されている。

Q12 第二次世界大戦後の日本外交

[問] 第二次世界大戦後の日本外交に関する次の記述のうち、妥当なものはどれか。(国家一般)

1 第二次世界大戦の終戦以降、国交断絶状態にあった日ソ両国は、昭和31年（1956年）に日ソ平和友好条約に調印し、国交を回復した。日ソ平和友好条約では、領土問題についての取決めの中で、「北方領土問題」については、歯舞諸島と色丹島の我が国への即時返還が規定された。ところが、国後島と択捉島についてはソ連政府は返還を強硬に拒否して、現在に至るまでこの問題は未解決のままとなっている。

2 日韓国交正常化交渉は、植民地支配の評価をめぐって交渉が難航し、長期の外交交渉となった。特に歴史認識問題については、我が国の「反省」と「謝罪」を巡って両国間の深厚な摩擦をもたらし、両国の対立は冷戦終結時まで長引いたが、金大中政権期に最終的な妥協に達した。平成7年（1995年）、日韓基本条約と四つの協定が調印され両国の批准を経て発効した。

3 昭和47年（1972年）、第二次世界大戦の終戦前からアメリカ合衆国の占領・施政下にあった沖縄は、我が国に返還された。田中角栄首相は、沖縄返還を外交の最重要課題として掲げており、昭和40年（1965年）には総理大臣として初めて沖縄を訪問し、「沖縄の本土復帰なしに我が国の戦争は終わらない」と述べた。田中首相は、ジョンソン大統領及びニクソン大統領との外交交渉において「核抜き本土並み」の返還を求め、最終的にそれが受け入れられることになった。

4 昭和47年（1972年）、我が国と中華人民共和国との間の国交正常化をうたう共同声明が北京で調印され、両国間での外交関係が樹立された。他方で我が国は、昭和27年（1952年）以降続いてきた中華民国（台湾）との外交関係も維持して、その後は「二つの中国」と均等な関係を構築した。

5 冷戦終結後に日米両国政府は、日米同盟の再定義を行った。平成8年（1996年）に日米安全保障共同宣言を発表し、さらにはその翌年、新しい「日米防衛協力のための指針（ガイドライン）」の作成を行い、これによって、冷戦後の国際環境を考慮に入れた日米間の安全保障協力の枠組みが再確認された。

PointCheck

◉**戦後外交の軌跡**‥‥‥‥‥‥‥‥‥‥‥‥‥‥‥‥‥‥‥‥‥‥‥‥‥‥‥‥‥‥‥【★★★】

⑴対ソ外交（鳩山一郎）

　鳩山は1956年に**日ソ共同宣言**でソ連との国交を回復し（これにより国連加盟実現）、北方領土については、平和条約調印後に歯舞・色丹を日本に返還する合意を交わした。

⑵対韓外交（佐藤栄作）

　佐藤は1965年に日本の経済協力を重視する朴政権と**日韓基本条約**を締結し、国交が正常化。韓国は対日賠償請求権を放棄する代わりに、多額の経済協力資金を獲得。

問題でPoint を理解する
Level 2 **Q12**

第1章
第2章
第3章
第4章
第5章

(3)対米外交（佐藤栄作など）

　沖縄はサンフランシスコ講和条約でアメリカ施政権下にあったが、佐藤は、**「核抜き・本土並み」** 返還を掲げ、ニクソン大統領が理解を示し1972年に日本に施政権が返還された。裏には繊維の対米輸出問題があり、日本側の輸出自主規制による解決をみた。

(4)対中外交（田中角栄・福田赳夫）

　1972年のニクソン大統領訪中は日本の対中国交正常化を促した。日中関係は1960年代からLT貿易という民間貿易に限定されていたが、1972年に田中角栄首相が訪中し、**日中共同声明** を発表して国交が正常化した。1978年には福田赳夫内閣の下で**日中平和友好条約**が締結され、両国の経済協力は一層進展することとなった。

●サンフランシスコ体制　理解を深める ……………………………………【★★★】

　敗戦国日本は、アメリカの支配下に置かれた。しかし、1949年に中華人民共和国が成立し、中ソ友好同盟相互援助条約が締結され、さらに1950年に朝鮮戦争が開始されたことを背景に、アメリカは早期の対日講和を実現させ、西側陣営として独立させようとする。

(1)サンフランシスコ講和条約（1951年）

　トルーマン大統領は、ダレスを日本に派遣し、吉田茂首相と講和条約の交渉を行い、1951年にサンフランシスコ講和条約が締結された。ソ連は北方領土問題やアメリカ主導の内容に反対して調印を拒否。西側諸国だけと国交を回復する片面講和となった。これにより、日本は主権を回復し、独立国家として再出発することとなった。

(2)日米安全保障条約（1951年）

　サンフランシスコ講和条約の締結と同時に、日米安全保障条約が締結されたが、当初はアメリカに日本防衛義務はなく不平等なものであった。その後、1960年に岸信介首相が新日米安全保障条約を締結し、この不平等は解消された。

> **Level up Point!**
> 　冷戦後、日米安保は新たな時代を迎え、1996 年にクリントン大統領と橋本首相は、「日米安保共同宣言」に署名し、日米安保を同盟であると定義し、またその目的を、冷戦後も不安定要素の多いアジア太平洋地域の平和と安全の維持とした。さらに 2015 年には、有事のみならず平時から軍事的協調行動、地球規模での日米協力体制を定めたガイドライン改定が行われ、集団的自衛権を容認する安全保障法制が成立した。

A12 正解－5

　1－誤　国交回復は日ソ共同宣言により実現した。また、歯舞と色丹は即時返還ではなく、平和条約締結後と約束された。
　2－誤　日韓国交正常化は、佐藤栄作によって 1965 年に実現している。
　3－誤　沖縄返還を最重要課題としたのは佐藤栄作である。
　4－誤　建前上我が国がよって立つのは「一つの中国」論である。
　5－正　日米安保の再定義に関する妥当な記述である。日本はこれを受けて 1999 年に周辺事態法・ガイドライン関連法を成立させた。

Q13 中東情勢

問 主にイスラエルをめぐる中東情勢に関する次の記述のうち、妥当なものはどれか。

(国家一般)

1　1917年にアメリカ合衆国の国務長官バルフォアは、アラブ人居住地であるパレスチナにユダヤ人の民族的郷土を建設することに賛意を示す内容のいわゆる「バルフォア宣言」を発した。これに基づき、第一次世界大戦後、数十万人にも上るユダヤ人がパレスチナに移住し、1945年にユダヤ人国家であるイスラエルが建国された。

2　1973年に第四次中東戦争が勃発すると、アラブ石油輸出国機構（OAPEC）は、イスラエルに圧力をかけるため、アメリカ合衆国やオランダへの石油輸出を禁止し、生産を削減する戦略を採った。また、これに加えて、石油輸出国機構（OPEC）が原油価格の大幅な引上げを決定したため、原油価格が高騰し、いわゆる第一次石油危機が発生した。

3　ヨルダンは、イスラエルと和平を結ぶことで、第三次中東戦争で失った領土の回復を目指し、1979年に和平条約を締結して、ゴラン高原を取り戻した。しかし、それがもとで、フセイン国王は和平反対派により暗殺された。

4　中東和平に向けて、1991年のマドリード和平会議以降、関係諸国が参加する多国間協議などさまざまな国際的取組みが行われている。我が国は多国間協議への参画及び人的貢献を行っておらず、アラブ側関係当事国に対する経済的支援のみを行っている。

5　1993年に、イスラエルとパレスチナ解放機構（PLO）の相互承認が行われた。その後、パレスチナ暫定自治合意（オスロ合意）において、イスラエル軍の占領地からの段階的な撤退や将来の独立国家パレスチナの領土の範囲、エルサレムの帰属などが決められた。

PointCheck

●パレスチナ問題……………………………………………………………………………【★★★】

⑴背景〜シオニズム対アラブ民族主義〜

　紀元70年、ローマ帝国によりエルサレムが陥落したことによって追放され、離散（ディアスポラ）したユダヤ人が、自らを独自の民族とみなし、民族国家建設を目標とする思想や運動がシオニズムである。アラブ民族主義とはアラビア人の民族的自覚に基づいて、その一体感を実現しようとする思想や運動を指し、オスマントルコ帝国の支配下にあったパレスチナで民族自決と独立を求めようとした。

⑵直接の原因〜第一次世界大戦中のイギリスによる二枚舌外交〜

　第一次大戦中にイギリスが行った二枚舌外交が今日のパレスチナ問題の原因とされる。

　①フサイン・マクマホン協定（1915年）：オスマントルコ打倒を目指すためアラブ人の協力を得たいイギリスは、**パレスチナにアラブ民族国家建設を約束**

　②バルフォア宣言（1917年）：ユダヤ財閥からの資金獲得を目指すイギリスは、**ユダヤ人がパレスチナに国家建設を行うのを援助することを約束**

問題でPoint を理解する
Level 2 Q12

第1章
第2章
第3章
第4章
第5章

1919年　パリ講和会議でパレスチナはイギリスの委任統治下に置かれるが、多くのユダヤ人がパレスチナに移住

1947年　国連はパレスチナ分割決議を採択（パレスチナをユダヤ人国家とアラブ人国家に分け、エルサレムは国際管理）

1948年　**ユダヤ人国家イスラエルが建国宣言**

⑶中東戦争の経緯

①**第一次中東戦争**（1948年）：アラブ諸国がイスラエルに侵攻→イスラエル勝利→イスラエル領土拡大・パレスチナ難民の発生・国連パレスチナ休戦監視機構派遣

②**第二次中東戦争**（1956年）：スエズ動乱ともいう。エジプトがスエズ運河国有化を宣言し、英仏とともにイスラエルが軍事介入→アメリカの反対により英仏イスラエル撤退→アラブ世界におけるエジプトの地位向上・国連は第一次国連緊急軍の派遣を決議

③**第三次中東戦争**（1967年）：エジプトの挑発行為に対してイスラエルが電撃作戦を展開→6日間でイスラエルの圧倒的勝利に終わる→イスラエルはゴラン高原（シリア）、ヨルダン川西岸地区と東エルサレム（ヨルダン）、シナイ半島とガザ地区（エジプト）を獲得

④**第四次中東戦争**（1973年）：領土奪還を目指しシリアとエジプトがイスラエルを奇襲→国連安保理決議を受け入れ停戦**→戦争中に第一次石油危機・第二次国連緊急軍や国連兵力引き離し監視軍派遣**

⑷解決に向けた努力

1978年　**キャンプ・デービッド合意**（アメリカ、イスラエル、エジプト）
　　　　　→翌年エジプトとイスラエルは和平条約を結び、シナイ半島をエジプトに返還

1991年　**中東和平国際会議（マドリード会議）**：米ソ共同で中東新秩序形成のため開催

1993年　**オスロ合意締結**：①パレスチナ解放機構（PLO）とイスラエルが相互承認、②パレスチナ人の自治を認める（ガザ地区・ヨルダン川西岸地区）

Level up Point!

2003 年、中東和平計画（ロードマップ）が EU、国連、ロシア、アメリカの共同提案で示されたが、その後暗礁に乗り上げ、現在もパレスチナ平和への国際社会の取り組みは続いている。

A13 正解ー2

1－誤　第一次世界大戦中の 1917 年に、ユダヤ人にパレスチナでの郷土建設を約束したバルフォアは、アメリカの国務長官ではなくイギリスの外相である。

2－正　第一次石油危機の発生は、記述の通り、第四次中東戦争を契機としている。

3－誤　1979 年にイスラエルと和平を結んだのはエジプトである。これによってエジプトはアラブ連盟から除名処分を受けた。

4－誤　中東からの石油に依存する我が国は、中東地域の安定を重要な外交課題に掲げ、多くの多国間中東和平の枠組みに参加している。

5－誤　オスロ合意では、パレスチナの領土範囲、エルサレムの帰属などについては規定されていない。

Q14 地域紛争

問 地域紛争に関する次の記述のうち、妥当なものはどれか。 (国家一般)

1 アフリカでは、これまでに数多くの紛争が勃発している。その背景として、植民地時代に国境線が恣意的に引かれたので、その内側に多くの「部族」と呼ばれる民族集団が存在することになり、部族間に融和や妥協を創出するのに困難な事情があった。その中でも1990年代初頭にツチ族とフツ族という二つの部族の間の対立が悪化して深刻化したルワンダでの内戦は、虐殺や大量難民によって国際的にも深刻な懸念をもたらした。

2 第二次世界大戦後のインド独立時に、世俗主義的なパキスタンとイスラム教を国教とするインドとが分離した。その結果両国に大量の難民が発生し、さらには領土問題としてカシミール問題が生じた。1971年にはスリランカの独立をめぐって、インド＝パキスタン紛争は激しい武力衝突に至った。1998年には両国が核実験を行うことで、国際的にも深刻な問題となっている。

3 中東戦争とは、1948年のパレスチナ建国以来その周辺のアラブ諸国とパレスチナとの間で起きた過去4度の戦争を総称した一連の紛争である。1967年の第三次中東戦争では、6日間でパレスチナがエジプト、シリア、ヨルダンに対して圧倒的な軍事的勝利を収めたことから、六日間戦争とも呼ばれる。アラブ諸国政府への失望がこれにより深まり、その後イスラム復興主義が高まる大きな要因となった。

4 ユーゴスラビア社会主義共和国（旧ユーゴ）では、1980年に民族を超えて国民的な支持を集めてきた指導者チャウシェスク大統領が死去し、その後民族間の対立と相互不信が深まっていった。東欧で共産主義政権が崩壊した後の1991年に、旧ユーゴのコソボとマケドニアの二つの共和国が独立を宣言し、独立に反対する連邦軍との間で内戦が開始された。さらにはその後、内戦の舞台はボスニア＝ヘルツェゴビナへと移っていき、激しい戦争が開始された。

5 チェチェン紛争とは、ロシア連邦の南部カフカズ地方のイスラム教を信仰する少数民族チェチェン人勢力による、ロシアからの分離独立をめぐる内戦をいう。1994年にプーチン政権はロシア軍を現地に派遣して、武力介入により独立運動を完全に沈静化させた。その後、アメリカ合衆国に亡命したチェチェン人勢力はアメリカ合衆国政府と結びつき、現在では米ロ両国政府間の深刻な外交問題に発展している。

PointCheck

●ルワンダ内戦 ‥‥‥‥‥‥‥‥‥‥‥‥‥‥‥‥‥‥‥‥‥‥‥‥‥‥‥‥‥‥‥‥‥‥‥‥【★★☆】

アフリカのルワンダでは、1990年から1994年まで、ツチ族難民を主体とする反政府組織のルワンダ愛国戦線（RFP）と政府軍との内戦が生じ、特に1994年にはハビャリマナ大統領の暗殺事件をきっかけに、**フツ族によるツチ族の大量虐殺**が行われた。両者の対立は、旧宗主国であるベルギーが**ツチ族を優遇し、多数派のフツ族を支配させるという統治形態**をと

っていたことに原因があるとされる。両者の内戦はRFPの勝利に終わり、RFPとフツ族穏健派からなる和解政府が樹立された。

● **インドとパキスタンの対立**……………………………………………【★★☆】
　インドは**ヒンズー教国**で、**カシミール地方はパキスタンと同じイスラム教**であったが、1947年に**カシミールはインドへ併合**される。これにより第一次印パ戦争が起き、さらに1965年には第二次印パ戦争が起きた。1971年には東パキスタン（バングラディシュ）の独立をめぐり第三次印パ戦争が起きた。このような対立を背景に1998年両国は相次いで地下核実験を行い、国際的非難を浴びた。今世紀に入り、両者の関係改善が進んでいる。

● **ユーゴスラビア紛争**……………………………………………………【★★★】
　ユーゴスラビアは第二次世界大戦後、チトー大統領の下で独自の社会主義国家経営を行い、多民族国家としての一体性を維持してきた。しかしチトーの死と冷戦体制崩壊により、セルビア人中心のユーゴスラビアから離れようとする各民族の動きが加速していく。まずスロベニアが独立。クロアチアと続いた。
　①**クロアチア内戦**：クロアチアの独立が地域内のセルビア人の反発を招いたことが原因。国連安保理は国連保護軍の派遣を決定し、ECはクロアチアの独立を承認した。
　②**ボスニア内戦**：セルビア人対クロアチア人・ムスリム人の対立。1995年にNATO軍はセルビア人勢力に空爆。ボスニア和平に関するデイトン合意に達した。
　③**コソボ紛争**：セルビア共和国内にあるコソボ自治州の自治権拡大を主張するアルバニア人と、それに反対するセルビア人の対立。1999年にNATO軍の爆撃を受けた。

Level up Point!	地域紛争については、時事的な内容を含む問題も出題されるが、あまりに流動的な事柄は問われない。シリア内乱なども、民主化運動「アラブの春」から宗教対立・国家対立を背景とした内戦へ展開し、ISIL（IS）や難民問題を生じさせている背景がわかればよい。

A14 正解ー1

　1－正　ルワンダ内戦に関する妥当な記述である。植民地時代に欧米列強によって恣意的に引かれた国境線の存在は、他の多くのアフリカ内戦の原因となっている。
　2－誤　インドはヒンズー教国、パキスタンはイスラム教国である。
　3－誤　この肢における「パレスチナ」を、「イスラエル」に変えれば正しい記述となる。
　4－誤　旧ユーゴにおけるカリスマ的な指導者はチトーである。チャウシェスクは冷戦期のルーマニアの独裁者であり、ルーマニアの脱共産化にともない処刑された。
　5－誤　まず、プーチンがロシア大統領となったのは2000年のことである点が第一の誤り。また、ロシアの武力による独立阻止に対し、アメリカなどの西欧諸国はこれを非難する立場をとっていたが、2001年のアメリカ同時多発テロ以降は、反テロという目標で国際社会が一致したため、外交問題とはなっていない。ただ、現在も交通機関のテロ事件への分離独立派の関与が疑われている。

第2章 国際組織

1 国際連盟

Level 1 ▷ **Q15**

(1)成立　▶p34

1918 年	アメリカ大統領ウィルソンの **14 カ条の平和原則**発表（国際連盟を提案）
1920 年	**ヴェルサイユ条約**発効（第 1 編に「国際連盟規約」）
	→国際連盟発足（アメリカは非加盟）

(2)組織　▶p35

総会、理事会、事務局の主要 3 機関

2 国際連合

Level 1 ▷ **Q16～Q20**　　Level 2 ▷ **Q25,Q26**

(1)成立　▶p36　▶p40

1941 年	**大西洋憲章**発表（国際平和維持のための国際機構の設立の必要性を示す）
1944 年	**ダンバートン・オークス会議**（国際連合の草案作成）
1945 年	6 月　**サンフランシスコ会議**で国際連合憲章を採択
	10 月　国際連合憲章が発効し、国連発足

(2)組織　▶p38

　総会、安全保障理事会、経済社会理事会、信託統治理事会、国際司法裁判所、事務局の主要 6 機関

3 EU

Level 1 ▷ **Q21,Q22**　　Level 2 ▷ **Q27,Q28**

(1)成立　▶p46

1950 年	**シューマン・プラン**発表（独仏の石炭・鉄鋼を共同管理する計画）
1952 年	シューマン・プラン調印により欧州石炭鉄鋼共同体（ECSC）発足
1957 年	ローマ条約
1958 年	欧州経済共同体（EEC）・欧州原子力共同体（EURATOM）発足
1965 年	ブリュッセル条約
1967 年	ECSC ＋ EEC ＋ EURATOM →**欧州共同体（EC）**発足
1992 年	マーストリヒト条約（EU 憲法）
1993 年	**欧州連合（EU）**発足
1999 年	**アムステルダム条約**（EU の新条約）
2003 年	ニース条約（EU の制度改革）
2009 年	リスボン条約（EU の基本条約修正）

(2)組織 ▶p48

欧州委員会、欧州議会、EU 理事会、欧州理事会、欧州裁判所

4 その他の地域的国際組織　Level1 ▷ **Q23,Q24** Level2 ▷ **Q27,Q28**

(1)アジア太平洋地域 ▶p52

①東南アジア諸国連合（ASEAN）
1967年、「東南アジア諸国連合設立宣言」(バンコク宣言)により設立。2007年、「ASEAN 憲章」採択。
② ASEAN 地域フォーラム（ARF）
アジア・太平洋地域における政治・安全保障分野を対象とするフォーラムとして1994 年に成立。
③アジア太平洋経済協力会議（APEC）
オーストラリアのホーク首相の提唱により、1989年に発足。

(2)ヨーロッパ地域 ▶p50

①北大西洋条約機構（NATO）
1949年、旧ソ連に対する西側の集団防衛機構として発足。冷戦後は東欧諸国も加盟し、組織の目的が変化したことを「新戦略概念」(1999年採択)で示す。
②欧州安全保障協力機構（OSCE）
1975年にヨーロッパにおける信頼醸成のための組織として発足した CSCE（欧州安全保障協力会議）を前身とする、地域的集団安全保障機構。

(3)アメリカ ▶p51

①北米自由貿易協定（NAFTA）
1994年に、メキシコのサリナス大統領による提唱を受けて作られた、メキシコ、アメリカ、カナダをメンバーとする自由貿易協定。新協定（USMCA）への移行を合意。
②米州機構（OAS）
米州の平和と安全の維持、加盟国の社会・経済・文化面での発展の促進を目的に1951 年に発足。

(4)アフリカ ▶p51

アフリカ連合（AU）
1963年に発足したアフリカ統一機構（OAU）を前身とし、2002年に発足。アフリカの統一と団結の促進、アフリカ諸国民の生活向上のための協力・努力の強化などを目的とする。

Q15 国際連盟

問 国際連盟についての以下の記述のうち、妥当なものはどれか。 (国家一般)

1 国際連盟の提唱国であるアメリカは、国際連盟に加盟はしたものの、孤立主義の影響を受けた議会の反対により、常任理事国入りについては辞退した。

2 国際連盟が発足する際、当時唯一の社会主義国であったソヴィエト連邦も参加した。これにより国際連盟は、第2次世界大戦が勃発するまで世界の平和の維持に大きな影響力を保ちつづけた。

3 第1次世界大戦の講和会議であるヴェルサイユ会議において、軍事力の縮小が国際的関心事となったことを受け、国際連盟総会の決議によって、主要国の保有する主力艦の保有比率が合意された。

4 1920年代には、アジアにおける植民地の権益をめぐって、欧米列強の争いが強まってはいたが、国際連盟の主導の下、植民地の独立が行われたほか、日英同盟の締結などにより国際協調の気運が高まった。

5 1920年に発足した国際連盟は、本部をスイスのジュネーブに置き、常任理事国の1つとして我が国も加わったほか、国際労働機関や常設国際司法裁判所といった国際組織も設けられた。

PointCheck

●国際連盟史概観··【★★★】

1918年	**アメリカ大統領ウィルソンが14カ条の平和原則を発表し**、国際連盟設立提唱
1919年	**パリ講和会議**を経て、**ヴェルサイユ条約調印**
1920年	**国際連盟の設立**
	※国際連盟規約は第一次大戦後の対独講和条約である**ヴェルサイユ条約の第1編**
	アメリカは議会（上院）が批准拒否をしたために加盟せず
	イギリス、フランス、イタリア、日本が常任理事国
1926年	ドイツ加盟（常任理事国）
1933年	**総会で満州事変を非難する決議が採択**
	→日本はこれに抗議し、脱退
1933年	**ヒトラー政権誕生**とともに軍備平等権を理由にドイツの脱退
1934年	ソ連加盟（常任理事国）
1935年	**イタリアのエチオピア侵攻に対して経済制裁実施**
	→イタリアが抗議し、脱退（1937年）
1939年	ソ連、フィンランド侵攻により除名

●**国際連盟の組織**‥‥‥‥‥‥‥‥‥‥‥‥‥‥‥‥‥‥‥‥‥‥‥‥‥‥【★★☆】
(1)**総会**：各加盟国の代表により構成
　一国一票による全会一致（→意思決定の困難）
(2)**理事会**：常任理事国・非常任理事国からなる
　全会一致が原則（→拒否権はなく、大国の指導力発揮できず）
(3)**事務局**：スイスのジュネーブに置かれる
　職員の地位は国際公務員（日本からは新渡戸稲造などが事務局次長を務める）
(4)**補助的機関**：常設国際司法裁判所、国際労働機関（ILO）など

●**国際連盟の加盟国**‥‥‥‥‥‥‥‥‥‥‥‥‥‥‥‥‥‥‥‥‥‥‥‥【★★★】
　原加盟国は、第一次世界大戦中の連合国と中立国を合わせた計45カ国であるが、先進国中、設立から解散まで国際連盟に加盟し続けたのはイギリスとフランスのみであった。アメリカは一貫して加盟しなかった。

●**国際連盟の平和維持機能**‥‥‥‥‥‥‥‥‥‥‥‥‥‥‥‥‥‥‥‥【★★☆】
　史上初の集団的安全保障機構として発足した国際連盟は、世界の平和と安全維持のために、軍縮、紛争の平和的解決を原則としていた。一方で、明らかな侵略行為などの国際連盟規約違反があった場合でも、**国際連盟が発動できる制裁は経済制裁のみ**であった。しかしながらこれさえもイタリアのエチオピア侵攻に対して唯一発動されただけであり、結果的に第二次世界大戦の勃発を防ぐことはできなかった。

●**「理想主義」国際関係理論**‥‥‥‥‥‥‥‥‥‥‥‥‥‥‥‥‥‥‥【★☆☆】
　第一次大戦終結で成立した国際連盟や不戦条約は、国際法・国際組織で国家の平和共同体を作り上げるという国際関係理論の「理想主義」の実現でもある（P123参照）。この理論に対して、国益を追求する国家間のパワーバランス・勢力均衡を重視する「現実主義」が主張され、この理論的対立が国際関係マクロ理論の中心的視座となる。第1章の歴史的背景、本章の国際組織の成立、第5章の国際関係理論を時系列で並行してまとめておくこと。

A15 正解ー5

1－誤　アメリカはモンロー宣言（不干渉外交政策）を支持する上院の反対により、一貫して国際連盟には加盟しなかった。
2－誤　国際連盟発足時には、ソ連は加盟していなかった。
3－誤　主要艦の保有比率が定められたのは、ワシントン会議においてである（**Q04**参照）。
4－誤　日英同盟は、第一次大戦後のワシントン会議において破棄された。
5－正　国際連盟に関する妥当な記述である。

Q16 国際連合の成立

問 国際連合（以下「国連」という）に関する次の記述のうち、妥当なものはどれか。

（国家一般）

1　アメリカ、イギリス、フランス、ソ連の4カ国は、1944年、ダンバートン・オークス会議において、新たな国際平和機構を設立することとした。中国もその趣旨に賛同し、1945年6月、第二次世界大戦の連合国と中立国が参加するサンフランシスコ会議により、国連が発足した。

2　国連の平和維持活動（PKO）には、停戦の遵守を監視する非武装の軍事顧問団を派遣するタイプと、自衛のための軽火器を装備し紛争地域の治安回復を目的とする平和維持軍を派遣するタイプの2種類がある。国連は、総会の採択により、平和維持活動を行うことができ、紛争当事国の同意を得る必要はない。

3　国連憲章では、安全保障理事会と加盟国が特別協定を結び、国連軍を創設することができると定めている。しかし、今日に至るまで、この協定により、国連軍が組織された例はない。

4　日本は、サンフランシスコ講和条約が発効した1952年に国連に加盟した。その後、日本は、経済協力開発機構（OECD）に加盟した1964年に国連経済社会理事会の常任理事国に選ばれ、現在に至っている。

5　1949年に国共内戦が終結すると、国連の場で「中国代表権」問題が生じてきた。アメリカ、イギリス両国は、中華人民共和国の国連加盟を阻止し続けてきたが、「米中和解」をきっかけに、態度を変化させた。そこで、1972年の国連総会では、中華人民共和国の国連加盟がほぼ満場一致で承認された。

PointCheck

◉国際連合発足の経緯‥‥‥‥‥‥‥‥‥‥‥‥‥‥‥‥‥‥‥‥‥‥‥‥‥‥‥‥‥‥‥‥‥【★★★】

1941年	**大西洋憲章発表**（アメリカ、イギリス）
↓	アメリカのルーズヴェルト大統領とイギリスのチャーチル首相が戦後世界の構想を討議し、**新しい国際機構設立の必要性**を確認
1943年	**モスクワ宣言**（アメリカ、イギリス、ソ連、中国）
↓	世界的平和機構設立の意思を発表
1944年	**ダンバートン・オークス会議**（アメリカ、イギリス、ソ連、中国）
↓	**国連憲章の原案策定**
	①拒否権の範囲、②ソ連の加盟国数、③国際連盟時代の委任統治領と敵国植民地の処遇について、合意できず
1945年2月	**ヤルタ会談**（アメリカ、イギリス、ソ連）
	上記3点について合意

問題でPoint を理解する

Level 1 **Q16**

第1章
第2章
第3章
第4章
第5章

①手続き事項以外に５大国の拒否権を認める

②ソ連の加盟国数は３（ソ連、ウクライナ、白ロシア）

③信託統治制度の創設

1945 年４月　サンフランシスコ会議

国連憲章が採択・調印（連合国 51 カ国が原加盟国）

個別的・集団的自衛権規定が挿入される

1945 年 10 月　国連発足

●加盟国を巡る問題………………………………………………………………【★★☆】

　国連加盟は、安保理の勧告を受け、総会の３分の２以上の多数の賛成によって認められる。拒否権の発動により、1951 年から 1954 年まで１国も加盟できなかったが、1960 年にはアフリカを中心に 17 カ国が加盟した。現在の加盟国数は 193 カ国に上る。最近では、2002 年スイスと東ティモール、2006 年にモンテネグロ、2011 年に南スーダンが加盟している。

(1)日本の加盟

　日本は、1952 年に加盟を申請したが、ソ連の拒否権発動で実現できず、1956 年の鳩山一郎首相による日ソ共同宣言でソ連との国交が回復したことで、**80 番目の加盟**が認められた。

(2)東西ドイツの加盟

　東西ドイツは、1973 年に相互承認を行ったことで、それぞれ別々の国として国連に同時加盟を果たした。

(3)中国代表権問題

　中国では、国民党との内戦に勝利した共産党が 1949 年に中華人民共和国政府を北京に樹立したが、それ以降も国連では、以前の正統政府である国民党政府が中国を代表する政府として議席を有していた。アメリカが、共産党政権を認めなかったためである。この状態が解消されたのは、米中和解の機運が高まった 1971 年のことである。

(4)南北朝鮮の加盟

　南北朝鮮は、1991 年にそれぞれ別の国として、同時加盟している。

A16 正解ー3

1 ー誤　国連創設の発表がなされたのは、1943 年のモスクワ宣言においてである。また、この共同宣言のメンバーは米英ソ中であり、フランスは含まれていなかった。

2 ー誤　PKO 実施に関しては安保理が決定を行うのが通例である。また、PKO 派遣には、紛争当事国の合意が必要である（**Q19** 参照）。

3 ー正　国連創設より現在まで、特別協定による国連軍が組織されたことは一度もない（**Q19** 参照）。朝鮮戦争の「国連軍」は正式なものではなかった。

4 ー誤　日本の国連加盟は、1956 年の日ソ共同宣言の後に実現した。

5 ー誤　イギリスは 1950 年に中華人民共和国を承認している。

Q17 国際連合の組織

問 国際連合(以下「国連」という)に関する次の記述のうち、妥当なものはどれか。(国家一般)

1　国際連盟は、第1次世界大戦後のベルサイユ会議において、ソ連を除く連合国の話合いによって設立が決まったのに対し、国連は「ベルリン危機」打開のための米ソの話合いによって設立が決まった。

2　国連の機関の1つである総会における投票権は、原則として各国1票であるが、第2次世界大戦中大きな被害を受けたソ連の15の各共和国は、特に各1票の投票権を有しており、これが最近の民族運動の伏線となった。

3　国連の機関の1つである国際司法裁判所は、国際連盟時代の常設国際司法裁判所の後身であり、国家間の紛争処理を任務としているが、紛争当事国がすべてあらかじめ裁判に付託することに同意しなければ、裁判は開始されない。

4　わが国は、第2次世界大戦後、通商国家として復興することをめざし、国際政治に関与しないことを国是としてきたため、現在国連で働いている日本人はおらず、国際公務員の養成が急務となっている。

5　国際的な平和と安全の維持については、安全保障理事会が一義的責任を有しているため、大国の利害が相反する事項に関して大国間で拒否権が行使され、同理事会が機能しなくなった場合でも、総会は何らの措置を講ずることもできない。

PointCheck

●国際連合の組織···【★★★】

(1)総会

　表決方式　全加盟国の代表による**一国一票制**（過半数、重要問題は3分の2以上の多数決）

　決議の効力　決議には法的拘束力はなく、勧告にとどまる

　総会の種類　①通常総会、②特別総会、③緊急特別総会

(2)安全保障理事会

　任務　国際の平和と安全の維持に関する主要な責任を負う

　決議の効力　決議には法的拘束力がある

　　構成　**5常任理事国**（アメリカ、イギリス、フランス、ロシア、中国）と**10の非常任理事国**（任期2年・再選不可）の計15カ国により構成される

　表決方式　①手続事項：9カ国以上の賛成で可決

　　　　　　　②実質事項：5常任理事国の賛成を含む9カ国以上の賛成で可決

(3)経済社会理事会

　経済的、社会的、文化的、教育的、医療的な国際事項に関する研究・報告・調整を行う（専門機関・NGOとの関係が強い）。任期3年の54カ国で構成され、常任・非常任の区別はない。表決方法は多数決（拒否権制度はない）。

⑷事務局

1人の事務総長と国際公務員で構成される。事務総長は平和の維持に関して権限が与えられており、行政官としてだけでなく政治的な影響力を持つ。

※国連本部ビルはニューヨーク、国連事務局職員は約4万3000人。

⑸国際司法裁判所

国際連盟時代の常設国際司法裁判所を引き継ぎ国家間の法律的紛争を処理する。

総会の求めに応じて、法的拘束力を持たない勧告的意見を出すことができる。

任期9年の15人の裁判官より構成される。当事者は国家に限られ、裁判を行うためには、全紛争当事国がその紛争を裁判に付託するという事前の意思表示が必要となる。

※国際司法裁判所はオランダのハーグにある。

⑹信託統治理事会

第二次大戦後、国力不足で独立が達成できない地域のために、独立を支援する制度。

1994年に最後の信託統治地域であったパラオが独立し、**現在は活動を停止**している。

知識を広げる

国際連合の緊急特別総会

1950年に採択された「平和のための結集決議」(安全保障理事会が拒否権のために「平和と安全の維持」という責務を果たしえない場合、総会が軍隊の使用を含む決定を行うことができる)に基づき、1956年の第二次中東戦争(スエズ動乱)の際に初めて開催された。

A17 正解一3

1一誤 ベルリン危機は第二次世界大戦後に起きたが、国連創設への会議は第二次世界大戦中から行われている(**Q16** 参照)。

2一誤 総会は一国一票制が原則であるが、ソ連邦内の共和国では白ロシア(ベラルーシ)とウクライナがそれぞれ票を有していた。

3一正 国際司法裁判所に関する妥当な記述である。国際司法裁判所で裁判が開始されるためには、すべての当事国があらかじめ当該紛争に関して裁判所に付託しておく必要がある。

4一誤 国連職員として働く日本人は100人以上いるが、今日さらなる増加が目標とされている。

5一誤 安保理が拒否権の行使で機能停止した場合でも、緊急特別総会を開催することができる。

Q18 国際連合の活動

問 **国際連合に関する次の記述のうち、妥当なものはどれか。** （国家一般）

1 　国際連合は、1945年、第二次世界大戦後の世界における平和と安全の維持を第一の目的として設立された。原加盟国は、第二次世界大戦における連合国を中心にした国々であるが、現在では180か国を超える国々が加盟している。我が国は、朝鮮戦争の勃発した昭和25（1950）年に、東アジアの安定に果たす役割を期待されて加盟を認められた。

2 　安全保障理事会は、国際の平和と安全に主要な責任を持っている。総会を除いては安全保障理事会だけが、加盟国に履行の義務を負わせる決定を行うことができる。安全保障理事会は、常任理事国5か国を含む9か国から構成され、実質事項に関する決定には、全常任理事国の賛成票を含む8か国以上の賛成が必要である。これが、拒否権と呼ばれる大国一致の原則である。

3 　国連難民高等弁務官事務所（UNHCR）は、難民を国際的に保護し援助を与えることを任務としている。最近では、旧ユーゴスラビア紛争、ルワンダ内戦、アフガニスタン内戦などにより発生した難民の保護と援助に大きな役割を果たした。UNHCRは、パレスチナ難民や大規模災害による被災者の援助などを含む難民救済活動を行っている唯一の国連機関である。

4 　国連平和維持活動（PKO）は、第二次世界大戦後の冷戦の時期に、国連憲章に定める集団的安全保障制度が機能しないことから、国際連合が紛争の局地化や停戦の安定化を図る手段として発展させた活動である。PKOの態様は、慣行を通じて形成されてきており、国連憲章にはPKOに関する明文の規定は置かれていない。

5 　国連憲章は、国際連合が国家だけのものではないことを明言しており、第71条で非政府組織(NGO)を規定している。これは国連NGOと呼ばれている。非政府組織が国際連合における協議に参加する度合いは年々増大しており、当初は経済社会理事会のみに参加していたが、現在では安全保障理事会を除くすべての理事会の協議に参加が認められている。

PointCheck

●国連の目的（国連憲章第1条） ・・【★☆☆】
　①国際の平和と安全の維持と、そのための集団措置
　②人民同権・自決原則に基づき、諸国間の友好関係の発展、平和強化
　③経済、社会、文化、人道分野での国際問題解決のため国際協力推進

●国連の活動・・・【★★★】
⑴国際平和の維持
　①不戦の義務
　　国連加盟国は、国際紛争を平和的な手段で解決し、武力による威嚇・行使を慎まなけれ

問題でPoint を理解する
Level 1 **Q18**

第1章
第2章
第3章
第4章
第5章

ばならない（憲章第2条3項・4項）。

②**強制措置（制裁）**

紛争を解決させようとする関係国や安保理の努力にもかかわらず、当事国が武力行使による紛争解決を図った場合には、強制措置を発動できる（憲章第7章）。

③**国連平和維持活動（PKO）**

慣習的に行われてきたもので、国連憲章に規定はない。平和を脅かす局地的な紛争や事態の拡大を防止するために派遣される国連平和維持軍（PKF）による活動である。

(2)経済社会分野での国際協力の推進

軍縮、環境、人権、人口、食糧、医療などの経済社会分野での国際協力の中心となるのは**経済社会理事会**であるが、分野が広範なため、総会やさまざまな人権委員会、麻薬委員会、持続可能開発委員会などの下部組織、専門機関、NGOなどと協力して活動する。

> **知識を広げる**
>
> **国連 NGO**
>
> 国家の利害にとらわれず専門的立場から発言できる非政府組織（NGO）は、国際的にさまざまな分野において活動しているが、特に環境や人権の分野で多大な影響力を有する。このような NGO のうち、国連の経済社会理事会との協議資格を持つものを国連NGO と呼ぶ。

●**国連憲章の改正**‥‥‥‥‥‥‥‥‥‥‥‥‥‥‥‥‥‥‥‥‥‥‥‥‥‥‥‥‥‥‥‥‥【★★★】

①総会の3分の2の多数による採択、②安保理の5常任理事国を含む加盟国の3分の2が改正案を批准　→国連憲章の改正

●**国連の財政**‥‥‥‥‥‥‥‥‥‥‥‥‥‥‥‥‥‥‥‥‥‥‥‥‥‥‥‥‥‥‥‥‥‥‥‥【★★★】

①通常予算（事務局運営費など）→通常の分担率による

②特別予算（平和維持活動費）→安保理理事国の負担率が高い

加盟国の分担金によって賄われる（拠出は加盟国の義務）。分担率は支払能力・国民所得・人口などにより策定されるが（1位アメリカ、2位中国、3位日本〈2019年〉）、多くの国が分担金を滞納していることが問題となっている（滞納の1位もアメリカ〈2018年〉）。

A18 正解ー4

1－誤　日本は、1956年の日ソ共同宣言でソ連との国交が回復し、国連加盟国となった。

2－誤　安保理は全15カ国で構成され、実質事項の可決には、常任理事国を含む9カ国の賛成票が必要である（**Q17** 参照）。

3－誤　難民の保護活動の中心は確かに UNHCR であるが、PKO や UNICEF なども難民保護活動を行っている（**Q20** 参照）。

4－正　PKO に関する妥当な記述である（PKO については **Q19** も参照）。

5－誤　国連 NGO は、経済社会理事会とその補助機関の活動に協議参加できる。

Q19 国連の平和維持機能

問 国連の平和維持機能に関する次の記述のうち、妥当なものはどれか。 (国家一般)

1　冷戦の終結後、国連の平和維持活動が拡大しているが、平和維持活動にかかる費用はもっぱら人員を派遣している国の負担によって賄われているため、人員と費用の負担が長期にわたって派遣国に集中することが問題になった。

2　国連の決議に基づいて軍隊が使われる場合のなかでも、国連の名において派遣される平和維持部隊と、加盟国の裁量で軍隊を使う多国籍軍方式とでは国連の関与のしかたが異なる。多国籍軍は文字どおり複数の国から派遣された混成部隊となるため、指揮・命令系統の調整のため国連の指揮下に入る。

3　国連の平和維持活動は、事務総長によって指揮・監督され、事務総長が安全保障理事会に対して責任を負う。ところが、現地指揮官は安全保障理事会の常任理事国の軍事専門家のなかから選任されるため、事務総長と現地指揮官の間に方針の対立を来すことがある。

4　国連憲章は、もともと平和維持活動に関する規定をもっていない。しかしながら、国際紛争の解決のために必要な措置として、平和維持活動の重要性が拡大してきた。それに伴い、平和維持活動のあり方について検討が行われているが、現時点では国連憲章上の規定は存在しないままとなっている。

5　平和維持活動に従事する部隊は、安全保障理事会の常任理事国など、平和の維持について特に重い責任を負っている国々の中から、安全保障理事会の決定に基づいて派遣される。国連加盟国は安全保障理事会の派遣を命じる決定に従う義務を負う。

PointCheck

◉国連軍と多国籍軍···【★★★】

　国連は、集団的安全保障体制をとる機構であり、体制内の国家が違法な武力行使を行った場合、他の加盟国が協力して対抗するための制度が国連憲章に規定されている。制裁の手段は経済制裁（憲章第41条）と軍事制裁（憲章第42条）に大別されるが、ここでは軍事制裁に関する内容をみていく。

(1)国連軍

安保理の軍事的強制措置（憲章第7章）を実施する軍隊（組織されたことはない）
　①安保理と加盟国との間で**特別協定**を締結
　②安保理の下に設置された**軍事参謀委員会の直接管理下**に置かれる

(2)多国籍軍

　多国籍軍は2カ国以上の軍隊で構成され、国連憲章第7章の「平和に対する脅威・平和の破壊・侵略行為」が起こった場合、**国連の枠外で結成される合同軍**である。国連の直接の統制下には置かれないが、**国連安保理による武力行使容認決議に基づいて、軍事行動が行われるのが通例**である。

第1章

第2章

第3章

第4章

第5章

知識を広げる

朝鮮国連軍

　1950 年に始まった朝鮮戦争では、安保理の勧告により、「国連軍」が派遣されたが、特別協定は結ばれておらず、またその**指揮権はアメリカにあり**、**本来の国連軍ではなかった。**

●**国連平和維持活動（PKO）** ………………………………………………………【★★★】

　PKO は、平和の脅威となる紛争や紛争の拡大を防止するため、国連がその権威に基づく小規模の軍隊を派遣し、事態の沈静化を図るための活動である。冷戦を背景とした安保理における拒否権の発動によって、国連は国際の安全維持という主要目的の機能不全という事態に直面した。このような事態を受けて、国連の平和維持活動の中心となったのがPKOである。**PKO は慣習的に行われるようになったものであるため国連憲章に規定はないが**、その活動内容が、国連憲章第６章の「紛争の平和的解決」（非軍事的措置）と第７章の「強制行動」（軍事的措置）との間にあることから、**「６章半的活動」**ともいわれている。

【PKO 参加原則】

　憲章に規定はないが、以下の原則が慣習を通じて確立されている。

　①**停戦原則**　現地で停戦が実現していること

　②**同意原則**　受け入れ国の同意・要請があること

　③**中立原則**　紛争当事者双方に対し、中立を守ること

　その他、武力の行使は自衛目的のみ、国連による指揮権掌握、大国不参加とするなど。

【PKO の形態】

　①**国連軍事監視団**　各国から派遣された非武装の軍隊が、停戦の監視などの任務にあたる

　② **PKF（国連平和維持軍）**　各国から派遣された軽武装の軍隊が、停戦の確保や兵力の引き離しなどの任務にあたる

●**集団的自衛権**………………………………………………………………………【★★☆】

　国連加盟国は、実際に武力攻撃が発生してから、安保理が必要な措置をとるまでの間に限り、**個別的・集団的自衛権**を行使することが認められている（憲章第 51 条）。

A19　正解ー4

　1－誤　国連の平和維持活動は国連の特別予算で賄われる（**Q18** 参照）。

　2－誤　多国籍軍は有志の国家による連合軍で、国連の指揮下に置かれるわけではない。

　3－誤　国連平和維持活動の指揮権は国連にある。また、PKO で大国が重要な役割を担うことは極力避けられている。

　4－正　国連平和維持活動に関する妥当な記述である。

　5－誤　PKOは憲章に規定をもたないため、加盟国がPKO派遣の命令に従う義務はない。

Q20 国際機関の動向

問 国際機関の動向に関する次の記述のうち、妥当なものはどれか。　　　(国家一般)

1　WHO（世界保健機関）は、人間の健康にかかわる幅広い活動を展開しており、伝染病の撲滅から麻薬問題、環境問題までをカバーしている。近年、核兵器の使用や核実験を環境に対する犯罪としてとらえ、違法と認定する決定をしたことが話題をよんだ。

2　ILO（国際労働機関）は、労働者の権利を守るための国際機関という位置づけから、労働組合の代表によって構成され、政府代表を含まない特異な国際機関となっている。

3　WTO（世界貿易機関）は、GATT（関税および貿易に関する一般協定）のウルグアイ・ラウンドの閣僚会合において設立が決まった、世界貿易の推進と問題処理のための機関である。1995年1月にこの機関が発足したことに伴い、GATTは役割を終えてその歴史の幕を閉じた。

4　UNESCO（国連教育科学文化機関）は、科学、教育、文化などの面での協力を推進することにより、世界平和の確立に寄与することを目的としており、平和を推進するための組織として、政府を直接のメンバーとしないという方針で運営されるNGOである。

5　WHO、ILO、UNESCOなどは国連専門機関とよばれ、経済、文化、教育などの専門分野において国連と特別な連携関係を保ちながら活動することを目的として、国連総会によって設置されたものである。

PointCheck

●国連のさまざまな組織‥‥‥‥‥‥‥‥‥‥‥‥‥‥‥‥‥‥‥‥‥‥‥‥‥‥‥‥‥【★★☆】

(1)常設的補助機関

国連総会が設立を決定
経済社会理事会と密接に協力　⇨　総会と経済社会理事会の両方に報告責任を負う

① **UNCTAD（国連貿易開発会議）**
　1964年に設立された南北問題の解決を目的する機関。初代事務局長はプレビッシュ。

② **UNICEF（国連児童基金）**
　1989年に採択された児童の権利に関する条約の完全実施を目指す。

③ **UNHCR（国連難民高等弁務官事務所）**
　1951年に開始した難民保護を目的とする機関。緒方貞子が難民高等弁務官を務めた。

④ **UNEP（国連環境計画）**
　1972年の国連人間環境会議で設立。環境問題に関して条約の策定などが任務にあたる。
　※その他、UNU（国連大学）、WFP（世界食糧計画）、UNDP（国連開発計画）など。

(2)専門機関

政府間の国際組織
経済社会理事会と連携協定を締結して活動　⇨　国連から独立した組織
　　　　　　　　　　　　　　　　　　　　　　それぞれ独自の構成国・本部・予算

①経済・金融分野

IMF（国際通貨基金）、IBRD（国際復興開発銀行／世界銀行）、IFC（国際金融公社）、IDA（国際開発協会）、UNIDO（国連工業開発機関）

②農業分野

FAO（国連食糧農業機関）、IFAD（国際農業開発基金）

③社会的分野

ILO（国際労働機関）、WHO（世界保健機関）

④教育・文化的分野

UNESCO（国連教育科学文化機関）、WIPO（世界知的所有権機関）

⑤交通・通信分野

ITU（国際電気通信連合）、UPU（万国郵便連合）、ICAO（国際民間航空機関）、WMO（世界気象機関）、IMO（国際海事機関）

【専門機関をめぐる動き】

1977 年　アメリカが ILO から脱退（1980 年に復帰）

1984 年　アメリカが UNESCO から脱退（2003 年に復帰）

1985 年　イギリスが UNESCO から脱退（1997 年に復帰）

⑶関連機関

専門機関に準じる存在として国連と協力して活動。

① IAEA（国際原子力機関）**（Q31** 参照）

② WTO（世界貿易機関）**（Q53** 参照）

⑷国連 NGO

経済社会理事会との協議資格を持つ国連 NGO には、アムネスティ・インターナショナル（人権分野）、グリーン・ピース（地球環境分野）などがある。

A20 正解ー3

1 －誤　1993 年、WHO は、国際司法裁判所に対して、核兵器の使用の合法性について勧告的意見を求めたが、健康問題担当の WHO には、核兵器に関する問題で意見を求める権限はないとされた。

2 －誤　ILO は、総会・理事会とも政府代表・使用者代表・労働者代表の 3 者構成である。

3 －正　WTO や GATT については **Q43**、**Q53** を参照。

4 －誤　UNESCO は国家を加盟単位とする政府間国際組織（国連専門機関）である。

5 －誤　国連専門機関は、国連から独立した政府間組織であり、国連総会によって設置されるのは常設的補助機関である。

Q21 ヨーロッパ統合

問　ヨーロッパ統合に関する次の記述のうち、妥当なものはどれか。　　　　　　　　（国家一般）

1　ヨーロッパ統合の原型は、第二次世界大戦中に生まれた。イギリスのチャーチル首相とフランスのド＝ゴール大統領は、大西洋憲章のなかで、世界大戦の惨禍を繰り返さないためには、欧州諸国は主権を一部放棄して連邦をつくる必要があると訴えた。

2　フランスのシューマン外相が提起したシューマン・プランは、従来の独仏対立を克服するため、両国における石炭と鉄鋼の生産を共同管理の下に置くことを訴えたもので、1952 年に発足した欧州石炭鉄鋼共同体（ECSC）の基礎となった。

3　欧州石炭鉄鋼共同体の成功を受けて、イギリス政府はヨーロッパ自由貿易地域構想を打ち出し、ドイツとフランスの賛同を得た。そこで、この英独仏 3 国を主体として、1957 年に設立されたのが、欧州経済共同体（EEC）である。

4　1967 年に ECSC、EURATOM、EEC が合併して成立した欧州共同体（EC）は、その後、アイルランド、ギリシアなどが加わり、加盟国数は次第に増大した。冷戦終結後は、ポーランド、ハンガリーなど東欧諸国も加わり、またロシアも加盟を準備中である。

5　安全保障問題におけるヨーロッパ統合は、経済統合に比べ立ち後れていたが、冷戦終結後は合意形成が進み、各国軍の欧州共同軍への統合が実現した結果、1993 年に欧州連合条約が調印され、EC は欧州連合（EU）に組み替えられることになった。

PointCheck

◉**欧州統合の歴史**･･･【★★★】

1950 年　フランス外相のシューマンがドイツとフランスの長年にわたる対立要因となってきた**石炭と鉄鋼の共同管理を提案＝シューマン・プラン**

1952 年　**欧州石炭鉄鋼共同体（ECSC）発足**
　　　　（西ドイツ、フランス、イタリア、オランダ、ベルギー、ルクセンブルクが加盟）

1957 年　上記 6 カ国により**ローマ条約（欧州経済共同体設立条約）締結**
　　　　〔欧州経済共同体（EEC）発足：経済政策における協調と統合が目的
　　　　〔欧州原子力共同体（EURATOM）発足：原子力の共同開発が目的

1965 年　**ブリュッセル条約**により、ECSC、EEC、EURATOM の一部機関が統合

1967 年　**欧州共同体（EC）が発足**
　　　　→経済的統合・政治的統合が進む

問題でPoint を理解する
Level 1 Q21

第1章
第2章
第3章
第4章
第5章

【欧州自由貿易連合（EFTA）】

　ECに対抗して、イギリスは1960年にスウェーデン、デンマーク、ノルウェー、ポルトガル、スイス、オーストリアとともに欧州自由貿易連合（EFTA）を結成した。ECが主権の移譲も伴う共通市場の発足を通じて政治的統合も視野に入れていたのに対し、EFTAは各国の主権を尊重し、域内の工業製品の関税撤廃を採用した。しかしながらEFTAの成果は上がらず、多くの加盟国はEC（EU）へと移っていくこととなり、現在では、ノルウェー、スイス、アイスランド、リヒテンシュタインの4カ国のみによる組織となっている。

1985年　**1992年までに単一の共同市場を完成させる「域内市場白書」提出**
1987年　単一欧州議定書（EEC条約の改正）発効
1993年　**マーストリヒト条約発効（EU設立条約）→欧州連合（EU）発足**
　　　　※批准においては、デンマークで行われた国民投票で批准が拒否された（デンマーク・ショック）

マーストリヒト条約で新たに挿入された内容
①通貨・金融統合を目指すためEMU（経済通貨同盟）に関する規定
②政治統合を目指すため、EU市民権、共通外交安全保障政策（CFSP）、司法内務協力に関する規定
↓
1999年　**アムステルダム条約発効＝EUの新条約**

アムステルダム条約で新たに挿入された内容
①共通外交・安全保障政策に関する議決の際には、賛成国だけが実施義務を負い、棄権国はその義務を免除されるという**建設的棄権**の導入（→棄権が反対とはみなされなくなり決定が迅速化）
②EU内でパスポートなしでの自由な移動を認める**シェンゲン協定**（1995年発効）がEU条約内に組み入れられる
↓
2003年　**ニース条約発効＝EUの新条約**（主に、制度面での改革がなされる）
2009年　**リスボン条約発効＝改革条約**（EUの基本条約を修正）

A21 正解－2

1－誤　英米首脳が大西洋憲章で国連創設に言及していた（**Q16**参照）。
2－正　EC・EUの母体であるECSC設立に関する妥当な記述である。
3－誤　ECSCとEECのメンバーは西ドイツ、フランス、イタリア、ベルギー、オランダ、ルクセンブルクであり、イギリスは参加していない。
4－誤　確かに、EUは旧東欧諸国へと地理的拡大を続けているが、ロシアがECまたはEUへの加盟を準備したという事実はない。
5－誤　EU各加盟国はそれぞれ自国の軍隊を有している。

Q22 欧州連合(EU)

問 欧州連合（EU）に関する次の記述のうち、妥当なものはどれか。 （国家一般改題）

1 EU は、1952 年に発足した欧州石炭鉄鋼共同体（ECSC）を母体とし、1967 年に欧州共同体（EC）を生んだ欧州統合の動きを更に進める形で、1993 年 11 月に発足した。しかし、主権に深くかかわる外交、安全保障及び司法の協力については、各国の合意が得られず、その枠組みはいまだ示されていない。

2 EU 加盟国は、2018 年末現在 28 か国であり、EU は、人、モノ、サービス及び資本の移動が自由な世界最大の単一市場を形成している。EU 独自の予算規模は我が国における国の一般会計予算総額の 3 倍以上の額となっており、EU 地域全体についてみると、総人口は我が国の人口の 10 倍以上、総面積は我が国の国土面積の 15 倍以上となっている。

3 EU には、欧州理事会（European Council）や各国の閣僚級代表による閣僚理事会（Council）、各国での直接選挙で選ばれる議員から成る欧州議会（European Parliament）などの機関が置かれている。閣僚理事会の決定を実施する執行機関は、欧州議会の承認を受けた委員で構成する欧州委員会（European Commission）である。

4 1999 年に発効したアムステルダム条約では、マーストリヒト条約の見直しの結果として、欧州理事会の決定に際し多数決制を採用するなどの措置が講じられた。しかし、他国に強い影響力を持つ大国の専横を招くとの批判を受け、2000 年に合意されたニース条約で、閣僚理事会の決定も含め全分野において全会一致によることと再改正された。

5 EU の共通通貨であるユーロは、1999 年 1 月に導入された。欧州における通貨統合の構想は、1995 年のマドリードでの欧州理事会で初めて正式に提案されたものである。2002 年には、イギリスを除く全加盟国において、単一通貨としてのユーロ紙幣及び硬貨の流通が開始された。

PointCheck

● EU の主要機関 ･･【★★★】
EU の特徴は、加盟国が一部主権を EU に移譲していることにある。
①欧州理事会＝最高意思決定機関・EU 首脳会議
　加盟国首脳と欧州理事会議長、欧州委員会委員長が出席し、年 4 回定期的に開催。
②EU 理事会（閣僚理事会）＝意思決定機関・立法府
　各加盟国を代表する閣僚によって構成され、個別具体的な政策を決定する。議題に応じて異なる閣僚が出席し、加盟国には自国の利益を最大限に追求できる場となる。特定分野の裁決は特定多数決が採用されるが、その他の分野では全会一致が条件となる。
③欧州議会＝共同決定および諮問機関
　EU 加盟国国民による直接選挙で選出され、任期 5 年の欧州議会議員からなる。当初は EU 理事会から政策案を諮問される機関（立法権なし）であったが、徐々に法的権限が

問題でPoint を理解する
Level 1 **Q22**

第1章
第2章
第3章
第4章
第5章

増え、リスボン条約により EU 理事会と対等な権限を有するようになる。EU 理事会との共同決定手続きで政策を決定し、予算決定権限も理事会と共同で有する。

④欧州委員会＝執行機関・行政府

各加盟国から 1 人ずつの委員、計 28 人で構成され、任期は 5 年である。省庁に相当する「総局」に分かれ、政策・法案の提案、規則の適用を監督、理事会決定を執行する。

⑤欧州対外活動庁＝執行機関・EU 外務省

「EU 外務・安全保障政策上級代表」（EU 外務大臣）を補佐し、EU 外交を司る機関。役員会の下に、地域・機能毎に分かれた局があり、外交・安全保障政策を立案、執行する。

⑥欧州司法裁判所・第一審裁判所＝ EU 条約等の裁定機関・司法府

どちらも管轄権は強制的で、判決は法的拘束力を持つ。欧州司法裁判所は、EU 諸機関・国家を原告とする訴訟を扱い、加盟国の基本条約不履行を認定する権限や罰金を科す権限も有する。第一審裁判所は個人と法人による紛争について扱う。

● EU 加盟国 ……………………………………………………………………【★★★】

2019 年 9 月時点での加盟国は、28 カ国となっている。地理的拡大を続けてきたが、2016 年、EU の移民政策に対する不信などを原因にイギリスが国民投票で離脱を選択し、EU 域外へも動揺が広がった。近年の加盟国はチェコ、ハンガリー、ポーランド、スロバキア、スロベニア、エストニア、ラトビア、リトアニア、キプロス、マルタ（以上 2004 年）、ルーマニア、ブルガリア（以上 2007 年）、クロアチア（2013 年）

●単一通貨ユーロ……………………………………………………………【★★★】

EU（EC）は、1979 年に欧州通貨制度（EMS）が発足して以来、通貨統合に向けた準備を進めてきたが、1999 年 1 月にユーロが導入され、通貨統合を実現した。ユーロは対内的には固定相場制、対外的には変動相場制をとる。ユーロ圏の人口は世界で最も多く、また、ユーロは世界の外国為替市場においてドルに次ぐ地位を占めている。しかし、ギリシャ危機を発端にヨーロッパ債務危機が深刻化し、現在通貨同盟としてのユーロの存続も危ぶまれている。

A22 正解ー3

1 －誤　外交・安全保障についての EU レベルでの規定はマーストリヒト条約にある。

2 －誤　EU の予算は約 1,600 億ユーロ程度で、日本の一般会計予算の約 20％程度である（2018 年）。人口は約 5 億人、面積は 429 万平方キロメートル（日本の11 倍程度）である。

3 －正　EU の機関に関する妥当な記述である。

4 －誤　ニース条約で肢のような変更はされておらず、現在も、閣僚理事会では特定多数決が用いられている。ただし、リスボン条約の発効により、2014 年から新たな「二重多数決方式」が導入されている。

5 －誤　ユーロ不採用国はイギリス、スウェーデン、デンマーク、チェコ、ハンガリー、ポーランド、ルーマニア、ブルガリア、クロアチア（2019 年）。

Q23 地域的国際機構

問 地域的国際機関に関する記述として、妥当なものはどれか。 (地方上級)

1 NATO（北大西洋条約機構）は、西側諸国の軍事同盟として発足したが、冷戦終結後は、協調的安全保障組織としての性格を強めるとともに、加盟国の東方拡大が進み、2002 年にはロシアが加盟した。

2 OAS（米州機構）は、南北アメリカ及びカリブ海諸国間における関税や輸入数量制限の撤廃を目的として設立され、現在ではさらに、金融の自由化など加盟国間の自由貿易促進のための中心的役割を果たしている。

3 LAS（アラブ連盟）は、PLO（パレスチナ解放機構）が、パレスチナ難民問題の解決のために、エジプト、シリアなどアラブ諸国に働きかけて結成したものであり、現在、イスラエルとの交渉窓口になっている。

4 AU（アフリカ連合）は、アフリカ諸国の統一及び団結の促進や植民地主義の根絶を目的に設定されたが、2002 年に改組され、現在は、OAU（アフリカ統一機構）として活動している。

5 ASEAN（東南アジア諸国連合）は、域内の経済・社会・文化的発展を目的に発足し、1990 年代後半のアジア通貨危機発生以降、日本、中国及び韓国を加えた ASEAN ＋ 3 の枠組みの中で、より広い地域的経済協力を展開している。

PointCheck

●さまざまな地域的国際機構（アジア地域については **Q24** 参照）……………………【★★★】
⑴北大西洋条約機構（NATO）

　1949 年に発足した**西側諸国による対ソ集団防衛機構**である。1955 年に西ドイツが NATO に加盟すると、ソ連はこれに対抗して**対西側集団防衛機構であるワルシャワ条約機構（WTO）**を結成した（WTO は冷戦体制崩壊により消滅）。冷戦終結後は、旧ソ連圏である中東欧諸国も続々と NATO 加盟国となっている。また活動の目的も変化し、1999 年には NATO 首脳会議において、冷戦終結後の新たな安全保障環境下での「新戦略概念」を採択し、地域紛争・テロ・組織犯罪などに対処すべく、域内・周辺部における紛争予防・危機管理にも取り組むことが示された。しかし、近年 NATO 加盟を目指すウクライナとジョージアへの対応をめぐり、ロシアと NATO 加盟国との間で新冷戦と呼ばれる対立が生じる。他方でアメリカのトランプ大統領の離脱意向が加盟国に動揺を与えた。

　加盟国　アメリカ、カナダ、フランス、イギリス、イタリア、オランダ、ベルギー、デンマーク、ルクセンブルク、ノルウェー、ポルトガル、アイスランド、ギリシャ、トルコ、ドイツ、スペイン、ポーランド、チェコ、ハンガリー、バルト3国（エストニア、ラトビア、リトアニア）、スロバキア、スロベニア、ブルガリア、ルーマニア、アルバニア、クロアチア、モンテネグロ（下線は冷戦後の加盟）

(2)欧州安全保障協力機構（OSCE）

1975 年に発足した欧州安全保障協力会議（CSCE）を前身とする、欧州の地域的集団安全保障機構である。CSCE は、1975 年に採択された**ヘルシンキ宣言において、軍事的側面のみならず、経済・環境・人権・人道分野まで含めた全欧の安全保障の実現を提唱した。**1990 年にはパリ憲章が採択され、1995 年に OSCE に改組された。

加盟国 アメリカ、欧州諸国、旧ソ連諸国など 57 カ国（日本もオブザーバー参加）

(3)北米自由貿易協定（NAFTA）

1989 年よりアメリカとカナダの間で発効していた米加自由貿易協定をメキシコに拡大し、1994 年に発足。2018 年に新協定（USMCA）への移行が合意された。

(4)米州機構（OAS）

1951 年に発足した、地域の平和と安全の強化、加盟国の経済・社会・文化的発展の促進を目的とする米州諸国の地域協力機構である。

加盟国 アメリカ、カナダ、中南米 33 カ国（日本、EU がオブザーバー参加）

(5)アフリカ連合（AU）

2002 年に開催された第38回OAU首脳会議で誕生した、範囲・人口ともに世界最大の地域機構である。アフリカ諸国・諸国民間の統一・連帯、政治的・経済的・社会的統合、平和・安全保障・安定の促進、民主的原則と制度・国民参加・よい統治の促進などが目的とされており、EUをモデルとした政治的統合も視野に入れる。1963年発足のアフリカ統一機構（OAU）を前身とする。

加盟国 アフリカ 55 カ国・地域（アフリカの全独立国が加盟）

(6)アラブ連盟（LAS）

1945 年に発足した、アラブの団結を目的とした地域機構である。イスラエルへの反対を共通合意としていたために、1979 年にエジプトがイスラエルと和平条約を結んだことで、エジプトは資格停止となった(1989年に復帰)。2011年のシリア騒乱よりシリアは資格停止。

加盟国 パレスチナ自治政府、ジブチやソマリアなどを加えた 22 カ国からなる。

A23 正解ー5

1 －誤　NATO にロシアが加盟したとの事実はない。

2 －誤　OAS は自由貿易の実現を目的とした組織ではない。

3 －誤　反イスラエル的組織である LAS は 1945 年結成で、PLO 設立は 1964 年である。

4 －誤　AU と OAU が逆である。

5 －正　ASEAN は、1997 年のアジア通貨危機以来、日中韓との結びつきをより重視し、地域の経済協力に向けた取り組みを強化させている（**Q24** 参照）。

Q24 アジアの地域主義

問 アジアの地域主義に関する次の記述のうち、妥当なものはどれか。　　　　(国家一般)

1 　東南アジア諸国連合（ASEAN）は、東南アジア5か国により1967年に設立された。1970年代にインドシナ諸国で共産主義政権が成立すると、初めて首脳会議が開かれた。1970年代末に始まるカンボジアによるベトナム侵攻によってASEAN諸国とインドシナ諸国との対立が激しくなり、その後インドシナ諸国から加盟した国はラオスのみである。

2 　1990年代後半のアジア通貨危機の後、東アジア諸国の間で地域協力を強化する機運が高まる中、「ASEAN＋3」の枠組みが生まれ、この枠組みの下で首脳会議のほかに外務大臣会議を始めとするさまざまな閣僚会議が開催されている。こうした中で、日中韓の3か国のみの首脳会合が定例化されるようになった。

3 　アジア太平洋経済協力（APEC）は、アジア、大洋州、北米、中南米といったアジア太平洋地域のメンバーから成り、域内の持続可能な発展を実現することを目的としている。このため、域外と域内を区別しないという「開かれた地域主義」という方針は採っておらず、域内のみの完全な自由化を目指している。

4 　アジア欧州会合(ASEM)は、アジアと欧州の関係を強化する目的で1980年代に発足し、両地域間の対話と協力のためのフォーラムとなっている。当初、EC及びASEAN諸国がメンバーを構成していたが、冷戦の終結後、ロシア、東欧諸国も参加し、ASEMは経済問題だけでなく軍縮、環境、技術などの幅広い分野での協力を推し進めている。

5 　アジア太平洋地域では、多国間の地域協力に加え、二国間での自由貿易協定（FTA）の締結を目指す動きが21世紀に入ると活発化してきた。我が国は、まず、シンガポールとの間でFTAを締結し、その後、韓国、メキシコ、タイ、中国との間でもFTAを締結した。

PointCheck

●アジアの地域機構……………………………………………………………………………【★★★】

⑴ APEC（アジア太平洋経済協力）

　APECは、1989年に、**アジア太平洋地域の自由貿易の拡大や経済発展、経済協力などを協議するために設置された政府間の協議体**である。域外と域内を区別せず、ブロック経済化をしないという意味で「開かれた地域主義」を志向する。1994年にクリントン米大統領の提唱による、**域内の貿易投資自由化を先進国は2010年までに、途上国は2020年までに達成することを内容とするボゴール宣言が採択**された。

　提唱者　オーストラリアのホーク首相
　参加国　ASEAN7カ国（ブルネイ、インドネシア、マレーシア、フィリピン、シンガポール、タイ、ベトナム）、日本、韓国、中国、台湾、香港、オーストラリア、ニュージーランド、アメリカ、カナダ、メキシコ、パプアニューギニア、チリ、ペルー、ロシア

⑵東南アジア諸国連合（ASEAN）

　1967 年の**「バンコク宣言」**により設立された東南アジア地域における経済発展や友好関係の発展などを目的とした地域協力機構。さまざまな政治体制をとる国が加盟しているため、内政不干渉を原則としてきたが、2003 年の首脳会議で安保協力を打ち出し、それ以降はミャンマーの軍事政権を非難する議長声明などを発表している。2007 年には内政不干渉の原則や人権問題を扱う組織の創設などを含む **ASEAN 憲章**が制定された。また、1997 年より ASEAN に日本、中国、韓国を加えた **ASEAN ＋ 3** の枠組みも確立している。

　加盟国　インドネシア、マレーシア、フィリピン、シンガポール、タイ、ブルネイ、ベトナム、ラオス、ミャンマー、カンボジア（下線は原加盟国）

知識を広げる

⑴ ARF（ASEAN 地域フォーラム）

　1994 年にできた機構で、冷戦後のアジア太平洋地域の安全保障問題を討議する初の多国間協議体である。ASEAN10 カ国に加え、日本、中国、韓国、北朝鮮、アメリカ、ロシア、EU、インド、パキスタンなど多様な国が参加している。

⑵ ASEM（アジア欧州首脳会議）

　1996 年に開始した首脳会談で、アジアと欧州の経済・文化面での協力を強化するための組織である。参加国は ASEAN 諸国、日本、中国、韓国、欧州委員会、EU 加盟国。

⑶ AFTA（ASEAN 自由貿易地域）

1993 年に発足し、ASEAN 域内の関税の引き下げなどによる共通市場を目指す。

◉環太平洋パートナーシップ協定（TPP、CPTPP）･････････････････････【★☆☆】

　APEC 参加国が中心となった多国間の経済協定で、加盟国間で取引される工業製品・農産品・金融・サービスについて関税などの障壁を撤廃しようとするものである。当初、ニュージーランド、シンガポール、チリ、ブルネイの４カ国が締結したが、アメリカ、オーストラリア、ペルー、ベトナム、マレーシアが相次いで拡大交渉会合に参加し、カナダとメキシコも 2012 年 11 月から加盟交渉国となった。日本は 2013 年 7 月の第 18 回交渉から参加し、2019 年 9 月時点で計 11 カ国が参加国となっている（アメリカは 2017 年に離脱）。2018 年 3 月に新協定（CPTPP）が発効した。

A24　正解―2

1－誤　ASEAN は東南アジア 5 カ国によって発足したが、現在では東南アジア 10 カ国すべてが加盟している。

2－正　ASEAN ＋ 3 に関する妥当な記述である。

3－誤　APEC は「開かれた地域主義」を採っている。

4－誤　ASEM は、冷戦終結後の 1996 年に開始された。

5－誤　日本は韓国・中国と二国間 FTA を締結していない（**Q53** 参照）。

Q25 国連安全保障理事会

問 国際連合安全保障理事会（以下「国連安保理」という）に関する次の記述のうち、妥当なものはどれか。 (国家一般)

1 　国連安保理の常任理事国の持つ「拒否権」が及ぶ範囲について、1945 年 2 月のヤルタ会談では米英ソ首脳が激しく対立したため、一切の合意には至らなかった。しかし、同年 4 月から行われたサンフランシスコ会議において三国の対立が解消されたため、手続事項についても「拒否権」が及ぶとする現行の制度の導入が正式に決定された。

2 　常任理事国の英国は、第二次世界大戦中の日本軍による捕虜の虐待に抗議する立場から、1952 年と 1955 年に合計 4 回、日本の国際連合加盟の決議案に対して「拒否権」を行使した。しかし、我が国が英国に対し大規模な賠償支払いを約束したために、英国は賛成に回り、1956 年 12 月、ようやく我が国の国際連合加盟は実現した。

3 　1990 年から 1991 年までの間、常任理事国のソ連は崩壊の危機に直面しており、国連安保理を欠席せざるを得なかった。このような状況下、1990 年 8 月のイラクによるクウェート侵攻に対して、1991 年 1 月には「多国籍軍」が対イラク武力行使に踏み切った。これは 1990 年 11 月の国連安保理決議 678 号に基づく行動だったが、その決議採択はソ連の欠席という特殊な状況下でこそ可能だったとされている。

4 　国連安保理では、これまで 200 件以上の決議案が「拒否権」によって成立しなかったといわれる。最も多く「拒否権」を行使した常任理事国はソ連だが、それに次ぐのはアメリカ合衆国である。アメリカ合衆国が「拒否権」を行使した案件としては、パレスチナ問題や南アフリカ制裁問題などが挙げられる。

5 　2006 年 7 月、弾道ミサイルを発射した北朝鮮を非難する国連安保理決議 1695 号が全会一致で採択された。その 3 か月後の同年 10 月、北朝鮮による核実験実施の宣言を受けて、常任理事国のアメリカ合衆国や非常任理事国の日本は制裁措置を盛り込んだ決議案を提出したが、慎重姿勢をとるロシアや中国が「拒否権」を行使して採択されなかった。

PointCheck

●国連安保理の改革 ··【★★☆】

　国連安保理は、冷戦期においては、米ソの対立を反映して、紛争に対して効果的な決議を採択することは困難であった。しかし、冷戦の終結以降は、国連機能回復への期待が寄せられるようになり、アメリカのブッシュ（父）大統領は、1991年の年頭教書の中で、**国連の枠組みを中心に国際の平和を維持しようという内容の「新世界秩序」**を示した。また、一方で国連安保理の常任理事国が地理的に偏っていることが、**安保理決議の正当性を失わせ、国連の権威を低下させている**との議論もなされるようになり、国連改革の主要テーマとして、安保理改革が議論されるようになった。

●**国連安保理の重要決議**　理解を深める ……………………………………【★★☆】

⑴湾岸戦争

　1990年８月、イラク軍が突如クウェートに侵攻・占領を行った。安保理はイラクに即時撤退を求める決議を採択したが、イラクがこれに応じなかったため、期限を設けた上で、「撤退しなければ各加盟国に対しあらゆる必要な措置をとる権限を付与する」との「**武力行使容認決議**」を採択した。これに基づいて、**多国籍軍による攻撃**が行われた。

⑵アメリカ同時多発テロ

　2001年９月11日、アメリカでハイジャックされた旅客機によるテロ事件が発生した。翌日、国連安保理はこのテロを「**国際の平和と安全に対する挑戦**」であると強く非難する決議を採択した。

⑶イラク戦争

　同時多発テロ以降、イラクのフセイン体制の転換を求める動きを強めたアメリカのブッシュ（子）政権は、大量破壊兵器の所有が疑われるイラクに対し査察の履行を主張。国連安保理も「**無条件、無制限な査察を受け入れる**」ことを求め、「**従わない場合は深刻な結果を招く**」との決議を採択したため、イラクはこれを受諾し、査察が開始された。しかし、イラクがこれに全面協力していないと判断した米英は、安保理決議の「深刻な結果」＝武力容認との立場をとり、2003年３月、イラクに対する武力攻撃を開始した。このとき、独仏は査察の継続と、武力攻撃のためには新たな安保理決議が必要との立場に立っていた。

⑷北朝鮮の核開発

　2003年に核保有を自ら認めた北朝鮮は、2006年７月５日に中距離弾道ミサイルの発射実験を行った。安保理は同月15日に、**ミサイル発射を非難する決議を全会一致で採択**した。さらに北朝鮮は同年10月に核実験を実施。これに対して安保理は日本の強い働きかけにより、**経済制裁の実施を含む決議をやはり全会一致で採択**した。その後も核実験等は繰り返され、2017年12月には10度目の安保理制裁決議がなされている。

Level up Point!　国連に関する問題の中でも、安保理については細かい内容まで問われることがある。歴史とあわせて理解しておくのはもちろん、時事的な事柄にもなってくるので、常にニュースや新聞をチェックしておくようにしたい。

A25　正解ー４

1－誤　ヤルタ会談で米英仏ソ中５カ国の拒否権が実質事項に関してのみ認められた。

2－誤　イギリスが日本の国連加盟を拒絶したことはない。

3－誤　湾岸戦争の武力行使容認決議でソ連は賛成票を投じている。

4－正　国連安保理決議と常任理事国の拒否権に関する記述として妥当である。なお、拒否権行使の回数は、ソ連（ロシア）が一番多く、アメリカ、イギリス、フランス、中国の順となっている。

5－誤　北朝鮮の核実験実施に対しては制裁措置を含む安保理決議が採択されている。

Q26 国連軍と平和維持活動

問 国連軍と平和維持活動に関する次の記述のうち、妥当なものはどれか。 （地方上級）

1 国連は2度の世界大戦の反省に立って、平和破壊国に対して強制措置をとるための常備軍を国連憲章に基づいて設置している。これが国連軍とよばれるもので、安全保障理事会の指揮の下で行動することとされている。国連軍は、1950年に勃発した朝鮮戦争の際に初めて派遣された。

2 国連の安全保障理事会は、1990年のイラクによるクウェート侵攻の際に、米ソの対立で迅速な政策対応を行うことができなかった。この反省に立ち、その後、ボスニア・ヘルツェゴビナ紛争に派遣された「多国籍軍」は、安全保障理事会の統制に服し、米ソに対して中立の立場を堅持した。

3 国連の平和維持活動（PKO）は、平和を脅かす局地的な紛争や事態の国際的な拡大を防止するために行われる活動である。この活動は、国連憲章上の強制行動であることから、やむをえない場合には紛争当事国の内政に干渉することも認められている。

4 わが国では湾岸戦争後に国連平和維持活動協力法が成立し、自衛隊の海外派遣が認められることとなった。同法によって自衛隊は、国会の事前承認があれば、停戦の合意や紛争当事国の受入れ同意がなくとも、部隊として国連の平和維持活動に参加することが可能となった。

5 第2次国連ソマリア活動は、自衛の範囲を超える武力行使を容認されたいわゆる「平和執行部隊」の最初の例である。この活動は、アメリカ主導の統合機動部隊の活動を国連が引き継いだもので、内戦の一方当事者との交戦が行われるなどして国際的に批判が高まり、1995年には全面的に撤収した。

PointCheck

● PKO の歴史 ……………………………………………………………………【★★★】

(1)創設

1956年 第二次中東戦争（スエズ動乱）→初の国連緊急特別総会
国連緊急軍（UNEF）が現地に派遣→最初のPKO

【国連パレスチナ休戦監視機構（UNTSO）】
1948年の第一次中東戦争の際に派遣された。国連の公式見解では、こちらが最初のPKOとされている。

(2)PKOの変化

冷戦終結後、国連の機能回復が叫ばれる中、国連カンボジア暫定統治機構（UNTAC）が史上最大規模のPKOとして派遣されるなど、PKOへの期待も高まった。国連のガリ事務総

問題でPoint を理解する
Level 2 Q26

第1章

第2章

第3章

第4章

第5章

長は、1992年に「平和への課題」を発表し、その中で、予防外交と平和執行（強制）部隊（PEU）の創設を提案した。これは、従来のPKO三原則によらない新しい形のPKOであったが、この構想に基づいて実際に派遣された**第二次国連ソマリア活動（UNOSOM II）は失敗に終わった**。その後、ガリ自らがPKO三原則が重要であると発表し、従来型のPKOに戻っている。

⑶現在のPKO

　PKOは冷戦後、質・量ともに拡大した。現在ではPKOは停戦の監視だけでなく、選挙の監視なども含めた紛争後の民主化の定着なども任務としており、上記のカンボジアのほか、東ティモール、コソボなどに大規模な複合型のPKOが派遣されている。

◉**日本と PKO** 理解を深める ……………………………………………………【★★★】

　1992年、**湾岸戦争を契機としてPKO協力法が成立し、PKOに自衛隊を派遣することが可能**となった。その際に従うべき原則は、PKO三原則（停戦・同意・中立）のほかに、「**武器の使用は必要最小限度に限る**」「**三原則が破られた場合は撤収する**」の2つをプラスした五原則となっている。PKO協力法では、PKOの本体業務への参加は凍結されていたが、アメリカ同時多発テロを契機として2001年に成立した「テロ特措法」により、これは解除された。2011年11月からは南スーダンに自衛隊を派遣、2016年10月末まで派遣期間を再延長したが、2017年5月に全部隊を撤収した。

Level up Point! 　PKOの三原則は「停戦・同意・中立」であること。PKOに関する規定は国連憲章に存在しないこと。この2つをしっかりと頭にインプットしておこう。

A26 正解ー5

1ー誤　国連軍は、常備軍ではなく、平和の破壊国に対して安保理が強制措置の発動を決定した際、そのつど加盟国が提供する兵力により編成される。ただし、兵力の一部を国連安保理の指揮に委ねる際には、あらかじめ加盟国と安保理との間で特別協定を結んでおく必要があり、この形の国連軍は未だかつて結成されたことはない。

2ー誤　湾岸戦争では、安保理は迅速な決定を行った（**Q25** 参照）。

3ー誤　PKOは国連憲章に明文規定を持たないし、また、紛争当事国の内政に干渉することは禁じられている（**Q19** 参照）。

4ー誤　PKO協力法では、PKO三原則の重視が規定されている。

5ー正　PEUとして派遣された第二次国連ソマリア活動に関する妥当な記述である。今日では、この失敗を受けてPKO三原則が重視されている。

Q27 地域主義・地域協力

問 地域協力に関するア〜エの記述のうち、妥当なもののみを全て挙げているのはどれか。

ア アジア太平洋経済協力（APEC）は、1993年以降毎年、首脳（経済リーダー）会合を開いて、貿易・投資の自由化を推進すべく交渉を重ねてきた。しかし、東南アジア諸国連合（ASEAN）と日中韓から成るASEAN＋3の枠組みに対抗すべく、2010年から米国がオーストラリアなどと一緒に環太平洋パートナーシップ（TPP）協定交渉を開始したために、アジア太平洋地域に自由貿易圏を作る構想がAPEC首脳会合で取り上げられることはなくなった。

イ 東アフリカ地域では、ケニア、タンザニア、ウガンダの三カ国が、1970年代には軍事紛争を含む政治対立を深めていたが、1999年には東アフリカ共同体（EAC）設立条約に調印した。これら諸国に隣接するルワンダやブルンジでは1990年代には内戦が勃発したが、その後の和解や和平のプロセスが進展して、2007年にはEACに加盟するまでに至った。

ウ ソビエト社会主義共和国連邦は1991年末に解体して、旧ソ連15共和国は、独立国家共同体（CIS）を創設した。リトアニアとポーランドに挟まれたロシア連邦の飛び地だったカリーニングラードは、1998年にはCISの枠組みの中で、リトアニアへの帰属が認められた。リトアニアが、2004年にヨーロッパ連合(EU)に加盟してCISを脱退して以降も、カリーニングラードの帰属に変化はない。

エ ヨーロッパ連合（EU）は、加盟27カ国に共通の外交・安全保障政策を実施する体制を強化するために、2009年12月に発効したリスボン条約において、いくつかの制度・機構改革を規定していた。その結果、例えば、2010年12月には、ヨーロッパ委員会やEU理事会事務局のスタッフ以外に、加盟各国外務省から出向するスタッフも勤務する組織として、EU版の外務省と言えるヨーロッパ対外活動庁（EEAS）が発足した。

1　ウ
2　イ、ウ
3　イ、エ
4　ウ、エ
5　ア、イ、エ

PointCheck

◉**近年の地域的国際機構**‥‥‥‥‥‥‥‥‥‥‥‥‥‥‥‥‥‥‥‥‥‥‥‥‥‥‥‥‥‥‥‥‥‥‥‥‥**【★★☆】**

⑴**アムステルダム条約後のEU**

　　2001年　**ニース条約採択**　欧州委員会・閣僚理事会・欧州議会の改革

第1章

第2章

第3章

第4章

第5章

2003年　発効（アイルランドで行われた国民投票で批准が否決されるなどの波乱が生じたため、当初予定の2002年より遅れて発効）

2004年　**欧州連合憲法採択**（EU大統領・EU外相を設置するなどの「超国家的」内容を含む）

2005年　**フランス、オランダで相次いで批准が否決**され、イギリスなどが批准手続きを凍結EU憲法は暗礁に乗り上げ、新たな条約が模索されることに

2007年　**リスボン条約採択**（「超国家的」表現は削除）

2009年12月　発効

(2)ASEANを中心としたアジアの地域協力をめぐる動き

1993 年	ASEAN 自由貿易地域（AFTA）発足
1997 年	ASEAN ＋ 3（日中韓）首脳会議開催 →その後定例化し、アジアの地域協力の中心的枠組みに
1999 年	東南アジアのすべての国を加盟国とする ASEAN10 完成
2005 年	第 1 回東アジアサミット開催（ASEAN ＋ 3、インド、オーストラリア、ニュージーランド） → 2007 年 1 月に第 2 回、11 月に第 3 回が開催
2007 年	日ASEAN 包括的経済連携協定（AJCEP）交渉妥結 → 2008 年署名完了
2008 年	ASEAN 憲章採択（内政不干渉の原則とともに、民主主義、人権の尊重などが掲げられる）

Level up Point!

最近の APEC の動向や、東アフリカ共同体、カリーニングラード問題などの、かなり詳細な知識を問う問題にも思われる。ただ、エのリスボン条約が正しいと判断できれば Level 1 をクリアと考えてよい。残りの 3 つは出題の傾向をつかみ、カンを養う練習問題だと考えよう。あまり細かいポイントにこだわらないように。

A27　正解ー3

アー誤　2014 年の APEC 首脳会合では、アジア太平洋自由貿易圏の工程表「北京ロードマップ」が策定されている。

イー正　関税同盟・共通市場化など経済統合が進展し、将来的な地域統合を目指す。

ウー誤　カリーニングラード州は、ポーランドとリトアニアに挟まれたロシアの飛び地領である。ロシアとドイツの間で領有権問題（旧ドイツ東部領）はあるが、リトアニアに帰属したことはない。

エー正　リスボン条約では、EU の共通外交・安全保障政策を担う役職「EU 外務・安全保障政策上級代表」(EU 外務大臣)が新たに設置され、「欧州対外活動庁（EU 外務省）のトップとなった。

Q28 地域機構

問 地域機構に関する次の記述のうち、妥当なものはどれか。 （国家一般）

1 　米州機構（OAS）は、1948年に採択された「米州機構憲章」に基づき、アメリカ合衆国及び中南米諸国20か国を原加盟国として発足した。同年に発効した平和的解決のための米州条約及び米州相互援助条約は、それぞれ本機構による紛争の平和的解決などを詳細に規定しており、本機構は国連憲章第52条の「地域的機関」としての地位を有すると同時に、米州相互援助条約を運用するための地域機構としての性格を持つといえる。

2 　北大西洋条約機構（NATO）は、1949年4月にワシントンで署名された条約に基づいて設置され、同条約第5条では国連憲章第51条が定める集団的自衛権を行使できることを規定している。しかし、冷戦終結後の現在も、第5条の集団的自衛権は一度も発動されたことがない。2001年10月からアフガニスタンのタリバーンに対して米英などが武力行使に踏み切ったが、この軍事作戦も国際連合安全保障理事会決議の採択を待って始められたものである。

3 　1950年6月の朝鮮戦争勃発など冷戦の激化を受けて、西ドイツの再軍備が求められるようになると、フランスは西ドイツの再軍備を歓迎しつつアメリカ合衆国の影響力を排除する目的から、フランスの国民議会の支持の下、欧州主導で西ドイツの再軍備を支援する欧州防衛共同体（EDC）の創設を推進した。一方、アメリカ合衆国はフランスに対抗して西ドイツのNATO加盟を通じた再軍備を強く推し進めたため、フランスはEDC創設を断念せざるを得なくなった。

4 　1957年3月にローマで署名された欧州経済共同体（EEC）設立条約は、農業、漁業、通商などさまざまな政策領域で統合を実現した。それから50年経った2007年3月、欧州連合（EU）加盟諸国は、リスボンで共通外交・安全保障・防衛政策の樹立をうたい、EU大統領やEU外相などのポストを設けて「連邦国家」のような統合体へと発展を遂げることを掲げた欧州憲法条約に、政治合意した。

5 　東アジア地域では、1997年12月以降、東アジア諸国連合（ASEAN）と日中韓3か国によるASEAN＋3の協力枠組みが制度化されてきた。しかし、ASEAN＋3を活用した東アジア地域協力は、ASEAN各国首脳が日中韓首脳と定期的な会合を重ねる程度にとどまり、大臣レベルの協議は実現していない。ましてや日中韓では3か国独自の首脳会合すら開かれていない。

PointCheck

●ヨーロッパの安全保障体制と地域機構 　理解を深める ……………………【★★☆】

　東西冷戦の開始により、両陣営が直接対峙する地域となったヨーロッパでは、まず、1949年に西側の対ソ軍事同盟である**北大西洋条約機構（NATO）**が発足、1955年にはアメリカの意向により再軍備した西ドイツも加盟した。これに対し、フランスはヨーロッパ独自

問題でPoint を理解する
Level 2 **Q28**

第1章

第2章

第3章

第4章

第5章

の超国家的な軍事組織、「**欧州防衛共同体（EDC）**」の設立を主張したが実現しなかった。一方、西ドイツのNATO加盟に対抗すべく、ソ連が対西側軍事同盟の**ワルシャワ条約機構（WTO）**を結成したことでヨーロッパの危険性は増したが、その後、デタントの時代には、米ソ両国と、両陣営に属する東西すべてのヨーロッパ諸国が参加する**全欧安全保障協力会議**が開催され、人権尊重や東西交流の促進による信頼醸成などをうたう**「ヘルシンキ宣言」**が採択された。同組織は冷戦後、**欧州安全保障協力機構（OSCE）**に改組している。なお、1954年に発足して以来、NATOの圧倒的な存在感に隠れていた**西欧同盟（WEU）**は、EUの共通外交安全保障政策の導入にともないEUに統合された。

●**安全保障と地域国際機構**‥‥‥‥‥‥‥‥‥‥‥‥‥‥‥‥‥‥‥‥‥‥‥【★★☆】

	NATO	EDC（欧州防衛共同体）	CSCE	西欧同盟	WTO
1949年	設立				
1950年		プレヴァン・プラン（仏外相）発表			
1952年		設立条約調印			
1954年		**フランスが批准せず未発足**			
1955年	**西ドイツ加盟**			発足	発足
1975年			発足		
1991年					解散
1995年			OSCEに改組		
1999年	**ポーランド・チェコ・ハンガリー加盟**		**OSCE憲章採択**		
2000年				**EUに統合**	
2004年	バルト3国、スロバキア、スロベニア加盟				

Level up
Point! 冷戦期において、東西対立が長期にわたって顕在化していたヨーロッパでは、安全保障関連の機構が複雑に絡み合って存在してきた。多少細かい内容となるが、EU に関してだけでなく、その他の機構についてもおおまかな関係を整理しておきたい。

A28 正解─1

1─正 米州機構（OAS）に関する妥当な記述である（**Q23** 参照）。

2─誤 2001 年 9 月 11 日のアメリカ同時多発テロの際、NATO は発足後初めて集団的自衛権を発動している。

3─誤 EDC はフランス議会の批准拒否により未発足に終わった。

4─誤 2007 年 EU 首脳会議で採択された EU の新たな基本条約は「リスボン条約」である（**Q27** 参照）。

5─誤 1999 年、フィリピンのマニラにおいて開催された第 3 回 ASEAN ＋ 3 会合において、日中韓の首脳による対話が実現し、その後定例化している。

第3章 地球的規模の諸問題

Level 1 p64～p83　　Level 2 p84～p91

1 軍縮と軍備管理

Level 1 ▷ **Q29～Q34**　Level 2 ▷ **Q39**

(1)核拡散の歴史

アメリカ(1945年)→ソ連(1949年)→イギリス(1952年)→フランス(1960年)→中国
(1964)→インド(1974、1998年に核実験)→パキスタン(インドに続いて1998年に核実験)

(2)核軍縮に関する重要な施策　▶p64　▶p66　▶p68　▶p70

①米ソ(ロ)間

戦略兵器制限交渉(SALT　1969～79年)

     ── SALT I　戦略兵器制限暫定協定、ABM条約調印・発効
     ── SALT II　戦略兵器制限条約調印・未発効(1985年期限切れ)

戦略兵器削減交渉(START　1982年～2011年)

     ── START I(1991年)、START II(1993年)
     ── 新START(2011年)

中距離核戦力(INF)交渉(1981～87年) → 1987年発効、2019年破棄

②多国間

部分的核実験禁止条約(PTBT)　1963年調印・発効

核不拡散条約(NPT)　1968年調印→1970年発効

包括的核実験禁止条約(CTBT)　1996年採択→未発効

(3)核兵器以外の軍縮に関する重要な条約　▶p72

対人地雷全面禁止条約　オタワプロセスにより1997年採択→1999年発効

生物兵器禁止条約　1975年発効…違反行為監視の検証措置不備

化学兵器禁止条約　1997年発効…査察制度充実

2 環境問題

Level 1 ▷ **Q35,Q36,Q38**　Level 2 ▷ **Q41**

▶p76　▶p78　▶p82

1972年　国連人間環境会議 → UNEP(国連環境計画)設置決定

1992年　**国連環境開発会議(地球サミット)**→リオ宣言採択
   →気候変動枠組み条約・生物多様性保護条約調印

1997年　**京都議定書採択** → 温室効果ガスの削減数値目標設定(2005年発効)
   → ポスト京都議定書

2015年　パリ協定(2016年発効)→ 2020年以降の温暖化対策
   持続可能な開発目標(SDGs)

全体像をつかむ
POINT整理

第1章
第2章
第3章
第4章
第5章

【重要な施策】

①オゾン層の保護…ウィーン条約（1988年発効）、モントリオール議定書（1989年発効）

②野生生物の保護…ワシントン条約（1975年発効）、ラムサール条約（1975年発効）

③砂漠化の防止…砂漠化防止条約（1996年発効）

④有害廃棄物の越境移動…バーゼル条約（1992年発効）、ロッテルダム条約・ストックホルム条約（2004年発効）

⑤海洋汚染・資源保護…ロンドン条約（1975年発効）、国連海洋法条約（1994年発効）

⑥水銀汚染対策…水銀に関する水俣条約（2013年から日本を含む各国が署名）

3 人権・民主化
Level 1 ▷ **Q37**　Level 2 ▷ **Q40,Q42**

▶p80　▶p86

1948年　世界人権宣言採択…**法的拘束力なし**
　　　　↓　条約化
1966年　**国際人権規約採択…法的拘束力あり**

その他、難民条約（1951年）、人種差別撤廃条約（1965年）、女子差別撤廃条約（1979年）、子どもの権利条約（1989年）など

【人権・民主化に関するキーワード・トピック】

①南アフリカ共和国のアパルトヘイト

1910年の独立以来、南アフリカ共和国では、人口の4分の3を占める黒人を差別するアパルトヘイト（人種隔離政策）がとられていたが、国際社会の非難により、1991年に撤廃、1994年には全人種が参加して初めて行われた選挙においてマンデラ氏が黒人初の大統領に就任した。

②中国天安門事件

経済分野での改革開放政策の進展に伴い、政治の自由化を求めて学生らを中心に行われた民主化運動。共産党政府によって武力弾圧された（1989年）。

③開発独裁体制

経済成長を実現させるためには国家主導型の経済開発を行いやすい権威主義体制が適しているとして、国内における人権抑圧や民主化の抑圧を正当化するもの。しかし、開発独裁体制の代表であり、1966年以来独裁体制を敷いてきたインドネシアのスハルト政権はアジア通貨危機後の1998年に崩壊した。

④アメリカの人権外交

アメリカのカーター大統領がソ連や東欧諸国に対して行った国内の人権状態の改善を求める外交戦略。

●条約の成立過程について

条約案作成→署名・調印（各国政府代表による）→批准（議会承認による）→発効

一般的には上記の過程をたどるが、条約によっては批准の手続きなしに発効するものもある。また、発効に要する批准の条件については、条約ごとに規定されている。

Q29 核戦略と核軍縮

問 核戦略と核軍縮に関する次の記述のうち、妥当なものはどれか。 (国家一般)

1 1957年にソ連がアメリカに先駆けて人工衛星スプートニクを打ち上げたことはアメリカに脅威を与え、アイゼンハワー政権は、「戦略防衛構想（SDI）」により、いかなる場所でのいかなる規模の侵略に対してもアメリカの選択する地点での核兵器による反撃の決意を示した。

2 1962年のキューバ危機以降、米ソの緊張関係は緩和され、1963年には、アメリカ、イギリス、ソ連の3国により大気圏内、宇宙空間および水中における核実験禁止を内容とする、最初の核軍縮についての国際条約である「部分的核実験停止条約」が締結された。

3 米ソ間では、1991年にSTART Iが締結されたが、これは、戦略核の制限を目的として1972年、1979年にそれぞれ締結・批准されたSALT I、SALT IIが効果的であったことを受けて締結されたものであり、7年間で戦略核を半数以下に削減することを内容とするものであった。

4 中華人民共和国は、早くから核開発に力を注ぎ、1952年に原爆実験を成功させ、3番目の核保有国となり、1969年にダマンスキー島（珍宝島）で中国軍とソ連軍が武力衝突したときにも、その強力な核戦力を背景に、ソ連軍の行動を容易に抑制することができた。

5 1967年に締結された「核拡散防止条約（NPT）」は、アメリカ、ソ連、イギリス、中華人民共和国の4カ国以外には、核兵器を持たせないようにするのをねらいとし、この条約に加盟していない国に対しても国際原子力機関（IAEA）による査察を強制的に受けさせることができるものである。

PointCheck

●アメリカの核戦略 ･･･【★★★】

1949年のソ連の原爆保有により本格的な検討開始

(1)核抑止と大量報復戦略（アイゼンハワー政権）

冷戦初期、アメリカは、ソ連に対し有利であった長距離戦略爆撃能力に依存し、**ソ連による侵攻がなされた際には直ちにソ連本土に大量核攻撃を加えるとする大量報復戦略**を発表した。しかしこの戦略は、ソ連が戦略核攻撃能力でアメリカより優位に立てば、むしろ核戦争を挑発する可能性もあることが問題とされていた。

(2)柔軟反応戦略（ケネディ政権）

ソ連が大陸間弾道弾（ICBM）を開発したことにより、戦略核攻撃能力においてアメリカは不利な状況に立たされるという状況が出現し、アメリカ本土の安全を前提とした大量報復が修正を余儀なくされた。これを受けて新たなアメリカの対ソ核戦略となったのが、柔軟反応戦略である。その内容は、**相手の挑発の程度に応じて、それに見合う軍事力を発動するというエスカレーション論に基づく**ものとなっている。

(3)戦略防衛構想（SDI）（レーガン政権）

　科学技術によって、大陸間弾道弾の攻撃を阻止する構想

　→ 冷戦の終結により無意味に

(4)ミサイル防衛構想（MD）（クリントン→ブッシュ政権）

　SDI を部分的に継承しているが、その対象は「ならず者国家」「テロ組織」へ

◉核兵器の分類

　核兵器は、射程によって、主に以下の３つに分類される。

　　　　　長｜戦略核兵器
　　射程 ⇕｜戦域核兵器（中距離核戦力 INF）
　　　　　短｜戦術核兵器←軍縮・軍備管理が実現していない

　さらに、戦略核兵器は運搬手段によって以下の３つに分類される。

　　｜戦略爆撃機
　　｛大陸間弾道ミサイル（ICBM）　1957 年ソ連が先行
　　｜潜水艦発射弾道ミサイル（SLBM）

A29　正解ー2

1ー誤　アイゼンハワーによって打ち出されたアメリカの核戦略は、大量報復戦略である（**Q06** 参照）。SDI（戦略防衛構想）は、新冷戦期の大統領として知られるレーガン大統領によって提唱された、科学技術によりソ連からのミサイルを迎撃するための包括的なシステムに関する構想を指す。

2ー正　本肢の内容は、PTBT（部分的核実験禁止条約）に関するものとして妥当である。なお、フランスと中国はこの条約に加盟しなかった（**Q30** 参照）。

3ー誤　SALT（戦略兵器制限条約）の枠組みにおいて２期にわたって行われた米ソの交渉において、SALT Ⅰ条約と SALT Ⅱ条約がそれぞれ署名されたが、発効まで至ったのは SALT Ⅰのみであった。したがって、1991 年に締結された START Ⅰ（戦略兵器削減条約）が SALT Ⅱの効果を踏まえているとの本肢の記述は誤りである（**Q32** 参照）。

4ー誤　1952 年に核実験を行い、核保有国となったのはイギリスであり、中国が米ソ英仏に次ぐ５カ国目の核保有国となったのは 1964 年であるとされている。中ソ間の軍事力には圧倒的な開きがあり、両国の軍事衝突事件、ダマンスキー島事件でもソ連が中国を抑えこんだ。

5ー誤　NPT が核保有国としたのは、米ソ英仏中の５カ国である。また、条約締約国以外は査察受け入れの義務はない（**Q31** 参照）。

Q30 核拡散の歴史

問 核拡散の歴史に関する次の記述のうち、妥当なものはどれか。 （地方上級）

1 核保有国が非核保有国に対して核兵器を使用しないと約束することを消極的安全保障という が、現在に至るまで核保有国がこれを宣言した例はない。

2 1968年、チェコスロバキアで勃興した「プラハの春」と呼ばれる改革運動に対してソ連 が軍事介入し、新冷戦が始まる中で、核拡散防止条約（NPT）が調印された。

3 核拡散防止条約（NPT）は、同条約に加盟している非核保有国に対して、国際原子力機 関（IAEA）と保障措置協定を締結して査察を受け入れることを義務づけている。

4 核保有国であるアメリカ、ロシア、イギリス、フランス、中国は、核拡散防止条約（NPT） の締結当初からその加盟国となっている。

5 2005年の核拡散防止条約（NPT）再検討会議では、イスラエルやイランの核開発を非 難し、包括的核実験禁止条約（CTBT）の早期批准を求める合意文書が発表された。

PointCheck

●多国間の核軍縮···【★★★】

(1)核不拡散条約（NPT） **Q31** 参照

(2)部分的核実験禁止条約（PTBT）

部分的核実験禁止条約は、1962年の**キューバ危機によって核戦争の危機を体験した米ソ が歩み寄り**、核実験の部分的禁止に関する共同提案を行ったことによって、米英ソが署名し、 1963年に成立・発効した初の多国間核軍縮の枠組みである。

【内容】大気圏内・宇宙空間・水中における核爆発を伴う実験の禁止を内容とするが、地下 核実験は許容されており、また検証制度もなかったため、核軍拡を抑える効果は薄かった。 しかし、冷戦下における初の多国間による核軍縮に関する条約が結ばれたという事実は大き な意義を持っている。

【加盟国に関する注意】発効までに111カ国が署名したが、条約の成立時、核開発の初期段 階にあった中国とフランスは米ソ主導の核管理体制を嫌い、加盟しなかった。

(3)包括的核実験禁止条約（CTBT）

包括的核実験禁止条約は、1996年に国連で採択されたが、発効要件（原子力発電の能力 を持つ特定の44カ国の批准）を満たしておらず、2019年9月時点で未発効である。

【内容】核保有国・非保有国の別なく、**地下を含むあらゆる場所における核実験の禁止**を内 容とする（未臨界実験やコンピュータ・シミュレーションなどは対象外）。発効後は、条 約の遵守を検証する制度が予定されている。

【加盟国に関する注意】核保有国のイギリスとフランスは1998年に、ロシアは2000年に 批准済み。中国は批准審議を開始しているが、**アメリカは未批准**（2019年9月現在）。発 効のために批准が必要とされる44カ国には、その他インド、パキスタン、イスラエル、北

問題でPoint を理解する
Level 1 **Q30**

第1章
第2章
第3章
第4章
第5章

朝鮮などが含まれているが、これらの国は未だ批准しておらず、CTBT の早期発効は困難とみられている。日本は 1997 年に批准した。

⑷非核兵器地帯

非核兵器地帯とは、**一定の地域において核兵器が存在しない状態を作り出すことを目的とした条約に基づき設定される**。非核兵器地帯では、**核兵器を配備すること、核実験を行うことが一切禁止される**ほか、地帯構成国に対する**核兵器の使用・威嚇を禁ずるという**「消極的安全保障」が核兵器保有国によって提供される。

⑸核兵器禁止条約

核兵器の全廃と根絶を目的とした国際条約で、2017 年に国連総会で採択されたが、全核保有国、カナダ、ドイツ、日本、オーストラリアなどが不参加である。

●**積極的安全保障と消極的安全保障**　　理解を深める ……………………………………【★★☆】

積極的安全保障（Positive Security Assurances）：1968 年、米英ソは NPT 締約国である非核兵器保有国に対し、国連憲章に従い、援助を提供するとの宣言を行った。

消極的安全保障（Negative Security Assurances）：積極的安全保障は実現性に乏しいとの批判から、新たに要求されるようになった、非核保有国に対して、核兵器を使用しないという保障。米ロ英仏中の核兵器保有国は、1995 年に NPT 締約国である非核兵器保有国に対して核兵器の不使用を約束する消極的安全保障を宣言した。なお、通常、これらの宣言は法的拘束力をもたないが、非核兵器地帯条約を締結した場合は、消極的安全保障は法的拘束力を持つ。

知識を広げる

「プラハの春」事件

核軍縮・新冷戦とプラハの春事件の関係はないが、冷戦史においては、重要な事件である。東側陣営の一国として、社会主義体制をとっていたチェコスロバキアで 1968 年に民主化要求運動が起こった。この運動に対し、**ソ連は、対米軍事同盟であるワルシャワ条約機構軍を出動させ、軍事介入を行った。**同盟国への軍事行動という異常事態を正当化するため、ソ連のブレジネフ書記長は、**ブレジネフ・ドクトリン**により「**制限主権論**」（社会主義共同体の構成国が政治危機に陥った場合は、他の社会主義諸国が武力介入することを許容する）を示した。

A30　正解－3

1－誤　核保有国は、1995 年に消極的安全保障を宣言した。
2－誤　1979 年のソ連のアフガニスタン侵攻から新冷戦はスタートした。
3－正　NPT に関する妥当な記述である（**Q31** 参照）。
4－誤　フランス、中国が NPT を批准したのは冷戦終結後である（**Q31** 参照）。
5－誤　第 7 回 NPT 再検討会議では、最終宣言を採択できなかった（**Q31** 参照）。

Q31 NPT（核不拡散条約）

問 核拡散の歴史に関する次の記述のうち、妥当なものはどれか。 （地方上級）

1 NPT が起草されたきっかけは 1960 年代のインドの核実験であり、NPT の最大の目的は「第三世界への核の拡散防止」であった。したがって、日本やドイツなどの先進工業国が核を保有することに関しては、NPT の起草者たちはそれを容認した。

2 中国とドイツは 1960 年代にすでに核保有国の仲間入りを果たしていたが、両国はNPT を米ソの覇権主義としてとらえ、長らく条約参加を拒否し続けた。両国が NPT 体制に入ることを決定したのは冷戦終結後である。

3 NPT の「査察義務」は国際原子力機関（IAEA）などの査察制度の受入れを義務化したものであり、IAEA の査察官が原子力施設に立ち入り調査する。日本の原子炉も、この査察を受け入れている。

4 北朝鮮（朝鮮民主主義人民共和国）は NPT 調印国となったことがなく、1990 年代になって核疑惑問題が起き、その後、米朝交渉において NPT 調印をめざす旨の合意がなされたものの、いまだ実行されていない。

5 1979 年に NPT 調印国のイラクがリビアからウラン濃縮プラントに必要な基礎的な部品をすべてそろえたことや、1993 年にバングラデシュのブット首相が宿敵のインドに対抗するための手段として核開発の必要を主張したことなどは、いかに核拡散を防止することが難しいかを示している。

PointCheck

●核不拡散条約（NPT）成立の経緯 ……………………………………【★★★】

現代の国際社会において、**核管理体制の中心となっているのは核不拡散条約（NPT）**である。核の国際管理体制については、第二次世界大戦後の 1946 年にアメリカがバルーク・プランを提案し、国連中心の超国家的な管理体制の構築を試みたが、ソ連の反対により実現しなかった。その後、国際的な核管理体制実現への取組みが本格化するのは1960 年以降である。

1960 年代　原子力の平和利用（原子力発電）を志向する国の増加
　　　　　→核兵器開発に転用可能＝核保有国の増加につながる
　　　　　　　　　　　　　　　　　　↓
　　　　　　　　　　　　　── 米ソはこの状況を阻止したいという点で一致

1968 年　核不拡散条約調印 → 1970 年発効（当初は 25 年の期限付きの条約）
1995 年　NPT 延長会議で、無期限延長が決定

●**核不拡散条約の内容**‥‥‥‥‥‥‥‥‥‥‥‥‥‥‥‥‥‥‥‥‥‥‥‥‥‥‥‥【★★★】

　NPT は、加盟国を核兵器国と非核兵器国とに区分し、それぞれに対し別の義務を規定している点に最大の特徴がある。しかし、その内容に大きな差があることから、不平等条約であるとも批判されている。

　核兵器国（1967 年 1 月 1 日までに核兵器を取得した国＝米ソ英仏中）
　　①核兵器を**非核兵器国に譲渡**してはならない
　　②**核軍縮義務**を負う（具体的な規定はなく、宣言にとどまる）
　非核兵器国（その他すべての国）
　　①譲渡・製造を問わず、**核兵器保有は一切禁止**
　　②原子力の平和利用について **IAEA（国際原子力機関）の保障措置（査察）**を受け入れなくてはならない。

●**加盟国に関する注意**‥‥‥‥‥‥‥‥‥‥‥‥‥‥‥‥‥‥‥‥‥‥‥‥‥‥【★★★】

　NPT の中心は米ソ＋英の 3 国である。これに対し、フランスと中国はこれらの核先進国による核管理体制に反発し、NPT への加盟を拒んできた。しかし、冷戦後、1992 年になってこれら 2 国はようやく NPT 批准国となった。核実験を行ったインド、パキスタン、イスラエル、南スーダンが未加盟である。日本は 1976 年に加盟。

●**NPT 体制の動揺**‥‥‥‥‥‥‥‥‥‥‥‥‥‥‥‥‥‥‥‥‥‥‥‥‥‥‥‥【★★☆】

　NPT 運用を討議するため 5 年ごとに開催される NPT 再検討会議が、2010 年開催され、プラハの核廃絶宣言でノーベル平和賞を受賞したオバマ大統領の指導力が注目された。しかし、ようやく最終宣言採択に至ったものの各国の意見の相違は大きく、北朝鮮の脱退・核実験や、イランの核開発問題など、いまだに多くの問題を抱えたままの NPT 体制である。

知識を広げる

核の水平拡散と垂直拡散
　核の水平拡散…核兵器を開発・所有する国の増加→これを防ぐための枠組み＝ NPT
　核の垂直拡散…核兵器改良による精度や破壊力の増大→これを防ぐための枠組み＝
　　　　　　　　　 PTBT、CTBT などの核実験禁止条約

A31 正解ー3

　1 －誤　NPT 起草の目的は、原子力発電の広がりによって危惧される核兵器拡散を阻止することにあり、核兵器保有が認められる国は米英仏ソ中 5 カ国に制限された。
　2 －誤　本肢の記述のドイツをフランスに換えれば妥当な記述となる。
　3 －正　NPT の定める IAEA による原子力施設への査察に関する妥当な記述である。
　4 －誤　北朝鮮は 1985 年に NPT に加盟しているが、脱退宣言も繰り返している。
　5 －誤　カシミール領有問題でインドと対立し、核開発を行っているのはパキスタン。

右側余白（縦書き）：第1章　第2章　第3章　第4章　第5章

Q32 国際社会における核軍縮の取組み

問 国際社会における核軍縮の取組みに関する次の空欄A〜Dに当てはまる語句の組合せとして、正しいものはどれか。 (地方上級)

核拡散防止条約（NPT）については、1995年にその有効期限が無期限に延長されたが、2003年に ▢ A ▢ が同条約からの脱退を表明し、核兵器保有を示唆した。

包括的核実験禁止条約（CTBT）については、1996年に国際連合において採択されたが、発効に必要な44カ国のうちアメリカや ▢ B ▢ などの一部の国が批准しないため、同条約は現在まで発効していない。

また、アメリカとロシアの核軍縮交渉をめぐる動きでは、1993年に署名した第2次戦略兵器削減条約（START II）については未だ発効していない。2001年にアメリカはロシアに対して ▢ C ▢ からの脱退を通告し、翌年同条約は失効したが、2002年に両国が署名した ▢ D ▢ は翌年に発効した。

	A	B	C	D
1	イラン	中国	ABM（対弾道ミサイル）条約	戦略兵器削減条約（SALT II）
2	イラン	フランス	中距離核戦力（INF）条約	戦略攻撃能力削減条約（モスクワ条約）
3	北朝鮮	中国	ABM（対弾道ミサイル）条約	戦略攻撃能力削減条約（モスクワ条約）
4	北朝鮮	中国	中距離核戦力（INF）条約	戦略兵器削減条約（SALT II）
5	北朝鮮	フランス	中距離核戦力（INF）条約	戦略攻撃能力削減条約（モスクワ条約）

PointCheck

◉米ソ2国間の核軍縮交渉・・・【★★★】

(1) SALT（戦略兵器制限交渉）＝戦略兵器の現状凍結と上限設定

デタントの時代に開始された、戦略核ミサイルの制限に関する米ソ間の交渉であり、2期にわたって開催された。1期目の交渉（SALT I）の結果、ニクソン大統領が1972年にモスクワを訪問した際に、ブレジネフ書記長との間で以下の2条約が署名され、同年発効した。

  ①**戦略兵器制限暫定協定（SALT I条約）**：戦略兵器の発射基の現状凍結が内容。具体的には、ICBMはアメリカ1054基、ソ連1618基、SLBMはアメリカ44隻710基、ソ連は62隻950基とされた。

  ②**ABM（弾道弾迎撃ミサイル）条約**：ABM設置場所を双方2カ所ずつ、各200基とする。アメリカがMDの開発に着手するため2002年に離脱し、現在は失効している。

その後、戦略兵器の質的改良が進んだことを受けて、これに対処することを目指し、**第二次戦略兵器制限交渉（SALT II）**が開始され、1979年にカーター大統領とブレジネフ書記長との間で**第二次戦略兵器制限条約（SALT II条約）**が調印された。しかし、1979年のソ連のアフガニスタン侵攻によってアメリカ議会が批准を拒否したため、未発効に終わった。

問題でPoint を理解する
Level 1 Q32

第1章

第2章

第3章

第4章

第5章

(2) START（戦略兵器削減交渉）＝戦略兵器の削減

　SALT Ⅰ・Ⅱの後、レーガン大統領は、戦略核兵器の大幅削減を目指し、1982年に戦略兵器削減交渉をソ連に提案したが、レーガン政権による戦略防衛構想（SDI）発表にソ連が反発したため、交渉は中断し、**1991年にブッシュ・ゴルバチョフ間でようやく戦略兵器削減条約（START Ⅰ条約）が署名**された。その後、同年末にソ連が消滅したため、アメリカ、ロシア、ベラルーシ、カザフスタンが当事国となり、1994年に発効した。この条約は、戦略兵器運搬手段・核弾頭数ともに、半数以下に削減することが規定されている。さらに、1993年には、ブッシュ大統領とエリツィン大統領（ロシア）との間でSTART Ⅱが署名されたが、アメリカが批准せず、**START Ⅱは未発効**に終わった。

(3) 中距離核戦力（INF）交渉

　中距離核戦力とは、主にヨーロッパに配備された戦域核兵器を指す。ヨーロッパに大量に配備された米ソ両国の中距離ミサイルは、ヨーロッパを不安定にし、住民の不安も高まった。このような状況を打開するために、**1987年にINF全廃条約が署名され、翌年発効**した。この条約は、**地上発射のINFを3年間ですべて廃棄**することを約していたが、米ソ両国は規定どおりこれを履行した。しかし、その後、米ロ両国が条約違反をめぐり対立し、2019年、米トランプ政権が破棄を通告し条約は失効した。

(4) 戦略攻撃能力削減条約（SORT、モスクワ条約）

　米ロ両国は、2002年に新たな戦略兵器削減条約として、モスクワ条約に署名を行い、翌年発効した。この条約では、**両国の戦略核弾頭を、現保有数の3分の1に削減**することを規定しているが、検証手段がなく、また核弾頭の廃棄や運搬手段の削減については規定しておらず、実効性は疑問視されている。

(5) 新START（新戦略兵器削減交渉）

　START Ⅰ失効後の後継条約として米ロ間で2011年に発効した。戦略核弾頭・ICBMの配備を大幅に制限したものの、ミサイル防衛（MD）での対立が残された形になった。

A32 正解－3

　北朝鮮は2003年に核拡散防止条約（NPT）からの脱退を表明し、さらに2005年には核保有を公然と認めた。その他、核保有国であるインド、パキスタン、核開発が疑われるイスラエルがNPT未加盟。CTBTの発効には、原子力発電技術を有する指定された44カ国の批准が必要とされるが、そのうち、アメリカ、中国、イスラエル、インドネシア、エジプト、イランが未批准であり、発効への道は困難を極める。さらに、北朝鮮、インド、パキスタンは未署名である。SALT Ⅰにより署名・発効したABM条約はアメリカが脱退したため2002年に失効。START Ⅱは未発効に終わったが、2002年には米ロ間でモスクワ条約が署名され、翌年発効した。

Q33 国際社会における兵器規制

問 国際社会における兵器の規制に関する次の記述のうち、妥当なのはどれか。(国家一般)

1 1868年に署名されたサンクト・ペテルブルク宣言は、不必要な苦痛を与える兵器の使用禁止をうたい、一定の兵器の相互放棄を規定したが、我が国は批准しなかった。また、1899年に開催された第一回ハーグ平和会議では、体内で分裂して不必要な苦痛を与える兵器であるダムダム弾の使用禁止をうたった宣言が署名されたが、ハーグ平和会議への参加を認められなかった我が国はこの宣言も批准できなかった。

2 1899年の第一回ハーグ平和会議では毒ガス禁止宣言が署名されたが、第一次世界大戦で毒ガスが広範に使用され惨禍をもたらしたため、1925年には、細菌学的手段の戦時使用も禁止した「毒ガス等の禁止に関するジュネーブ議定書」が署名された。しかし、その後さらに第二次世界大戦やベトナム戦争などを経験した今でも、生物・化学兵器の保有を禁止しようとする条約は成立していない。

3 1945年に米国の原爆投下によって核兵器が登場すると、この新たな大量破壊兵器の開発を目指す国家が続出し、1949年から64年までの間に、ソ連、英国、フランス、そして中国が核実験に成功した。ここに至って、核兵器の保有国の増加を防止しようとする条約作りが始まった。核不拡散条約は、1968年に署名されたが、核保有5か国の軍縮義務が全く規定されなかったため、米ソ核軍縮交渉が始まる1980年代末までの間、我が国やドイツ連邦共和国などの非核兵器国は批准しなかった。

4 1990〜91年の湾岸戦争の背景として1980年代後半にイラクが大量の通常兵器を輸入・備蓄していたという教訓の下に、通常兵器の流通の透明性を向上することで、過剰かつ急速な兵器備蓄を試みる国家への兵器移転を実質的に規制できるような制度作りが本格化した。1991年12月、我が国や欧州共同体(EC)諸国などの共同提案により国連軍備登録制度の発足が模索されたが、米国の反対によって実現しなかった。

5 1992年に欧米のNGOが中心となって「地雷禁止(廃絶)国際キャンペーン(ICBL)」を開始し、その国際的ネットワークを広げながら、カンボジアなどに埋設された対人地雷が内戦終結後も多くの市民を犠牲にしている事実を国際世論に訴え続けた。1996年10月、カナダは、対人地雷禁止に関心のある国々をオタワに集め、国際会議を開催して、オタワ・プロセスを始動させた。その結果、1997年12月には対人地雷の生産を全面的に禁止する条約が署名された。

PointCheck

●核兵器以外の軍縮··【★★★】

⑴対人地雷全面禁止条約(オタワ条約、オタワ・プロセス)

対人地雷の除去には莫大な時間と費用がかかるため、紛争終了後も数多くの対人地雷が残存することになり、住民への被害が大きい。そのような無差別性・非人道性から、国連を中

問題でPoint を理解する
Level 1 Q33

第1章

第2章

第3章

第4章

第5章

心に地雷の禁止条約作成が進められてきた。多国間の軍縮条約作成に際しては、ジュネーブ軍縮会議において採択されるのが一般的であるが、全会一致の原則があるために早期に対人地雷禁止に関する条約が成立する可能性は低かった。そこで、**対人地雷の禁止においてリーダーシップを発揮していたカナダ政府は、1996 年に各国をオタワに集め、地雷の全面禁止に関する国際会議を開催した。この会議には、対人地雷禁止の取組みを行っている国際地雷禁止キャンペーン（ICBL）などの NGO もオブザーバーとして参加し、各国政府及び NGO との協議の結果、1997 年、オスロでの外相会議において「対人地雷全面禁止条約」が採択され、1999 年に発効した。日本も最初の会合から参加し、原加盟国となった。国連のジュネーブ軍縮会議における採択という正式の回路ではなく、関心国や NGO が中心となって条約が成立したこの過程を、オタワ・プロセスと呼ぶ。**アメリカ、中国、韓国、北朝鮮、ロシア、インドなどが未署名である。

⑵生物兵器禁止条約（BWC）

　1975 年に発効したこの条約は、生物兵器の開発・生産・貯蔵・取得・保有の禁止を目的としているが、**違反行為を検証する手段が備えられていない**。日本は 1982 年に加盟。

⑶化学兵器禁止条約（CWC）

　1997 年に発効したこの条約は、化学兵器の開発・生産・貯蔵・使用の禁止を規定しており、保有している国は、10 年以内に廃棄するよう求めている。違反が疑われる国に対しては、同意がなくても査察を行うことができるなど、**条約違反を検証する手段が充実**している点に特徴がある。日本は原加盟国である。

⑷欧州通常戦力（CFE）条約

　欧州通常戦力条約は、**NATO 加盟国とワルシャワ条約機構加盟国との間で 1990 年に調印**され、1992 年に発効した。両同盟間のヨーロッパにおける通常戦力の均衡を目的とした条約である。冷戦後の国際情勢の変化に伴い、条約の適合化に関する文書が 1999 年に合意されたが、ロシアは 2007 年に履行停止を宣言した。

⑸クラスター爆弾の軍縮（オスロ宣言、オスロ・プロセス）

　クラスター爆弾は多数の子爆弾をケースに搭載し、それを空中で爆破させることで、広範囲に子爆弾をばらまく兵器である。着弾後も不発弾として残存することから、民間人の被害が続発し、人道的な観点から廃絶が叫ばれるようになった。これを受けて 2007 年、ノルウェーのオスロで開催されたクラスター爆弾禁止に関する国際会議において、2008 年までの禁止条約を作成するという内容の「オスロ宣言」が採択された。

A33　正解ー5

1 －誤　ロシア皇帝ニコライ 2 世が提唱した第 1 回ハーグ平和会議（万国平和会議）には日本政府も参加し、ハーグ陸戦条約を調印・批准している。

2 －誤　**PointCheck** で解説した BWC・CWC の各条約が存在し、後半が誤り。

3 －誤　核保有国には軍縮義務があり、日本・ドイツも批准している（**Q31** 参照）。

4 －誤　国連軍備登録制度は日本と EC の共同提案で 1991 年に発足している。

5 －正　NGO と関心のある国々による国際会議から成立した地雷全面禁止条約である。

Q34 安全保障政策

問 安全保障政策に関する次の記述のうち、妥当なものはどれか。 　　　　　　（国家一般）

1 　近年アメリカ合衆国で支持が高まっている NMD は、非軍事的防衛（Non-Military Defense）の意味であり、非軍事的な方法も含めた総合安全保障を模索しようという目的で提唱されている。その主たる支持者は民主党議員であり、連邦議会では最近本格的な NMD 戦略の採択が決定された。

2 　近年我が国でも研究が正式に開始された TMD は、技術集約型ミサイル技術(Technology Missile Defense) の意味であり、高度技術を駆使した防衛計画である。これは日米両国による共同事業であり、さらに台湾、中国、韓国の参加が決定している。

3 　CTBT（Comprehensive Nuclear Test Ban Treaty：包括的核実験禁止条約）については、イギリス、フランスがその批准を完了したが、1999 年にアメリカ合衆国議会はこれを否決した。イギリス、フランス両国は強く批准を求めたが、結果的に効果はなかった。

4 　ABM 制限条約とは弾道弾迎撃ミサイル（Anti-Ballistic Missile）制限条約のことであり、ロシアのエリツィン大統領とアメリカ合衆国のブッシュ大統領の時代に両国の間で締結された。しかし、アメリカ合衆国議会では共和党を中心に条約廃棄論が強まり、クリントン政権は米露関係への配慮と議会対策の板挟み状態にあった。

5 　対中関係の改善を重視し、中国を戦略的パートナーと宣言したクリントン政権は、米中間に MTTT（Missile Technology Transfer Treaty：ミサイル技術移転条約）を締結し、軍事交流を一挙に加速させた。しかし、共和党が多数を占めるアメリカ議会はこの条約を厳しく批判し、その批准を拒否している。

PointCheck

◉近年のアメリカの安全保障政策 ………………………………………………………【★★☆】

　冷戦の終結により、米ソ間における核軍拡競争には一定の歯止めがかかったが、一方でそれまで核を保有していなかった国や地域への核拡散が今日、問題となっている。インド、パキスタンが 1997 年に相次いで核実験を行ったことをはじめとして、今世紀に入り、北朝鮮は公然と核保有を宣言した。また、その他核開発が疑われる国も多く、イスラエル、イランなどはその代表である。さらに、2001 年のアメリカ同時多発テロ以降は、テロ組織への核兵器の拡散という事態も懸念されるようになっている。このような中で、アメリカ政府は新たな安全保障政策と核拡散防止への取組みを模索している。

⑴ミサイル防衛（MD）

　弾道ミサイルの脅威に対して、それを飛翔中に迎撃する防衛システムである。**日本も 1999 年にアメリカとの共同技術研究を開始し**、2003 年には弾道ミサイル防衛システムの導入を閣議決定し、2005 年にはミサイル迎撃手続きについて自衛隊法の改正を行っている。

　1983 年　**レーガン大統領が SDI 構想を提唱**…実現には至らず

1993 年　クリントン大統領が NMD（国家ミサイル防衛）構想＋ TMD（戦域ミサイル防衛）
　　　　　＝弾道ミサイル防衛（BMD）構想を提唱

2001 年　ブッシュ大統領が **MD（ミサイル防衛）** を発表、ABM 条約から離脱

⑵ブッシュ・ドクトリン

　ブッシュ大統領は、2002 年「国家安全保障戦略」において、**大量破壊兵器を取得し使用するおそれのあるテロリストやテロ支援国家に対しては先制攻撃も辞さない**と主張した。これをブッシュ・ドクトリンと呼ぶ。

⑶カット・オフ条約（未成立）

　カット・オフ条約は、兵器用の核分裂性物質の生産禁止を内容とする条約である。1993 年の国連総会において、アメリカのクリントン大統領によって提案されたが、中国とアメリカとの意見の相違などにより、実質的な交渉は未だなされておらず、未成立である。現在、アメリカ、ロシア、イギリス、フランスは兵器用核分裂性物質の生産停止を宣言しており、この条約の主な目的は、インドやパキスタン、イスラエルなどの NPT 枠外にある国家における核の量産防止にあるとみられている。

⑷核テロ防止条約

　核兵器や放射性物質を用いたテロを防止するための条約である。2005 年に国連総会において採択され、2007 年に発効した。放射性物質の所持や核爆発装置の製造・所持・使用などについて、国内法で厳しく罰することを求め、行為地以外でも裁判が行えるようにすること、また容疑者所在国は容疑者を請求国に引き渡すことなどが定められている。

A34 正解－3

1 －誤　NMD は、クリントン政権下において、TMD（戦域ミサイル防衛）とともに提唱された「国家ミサイル防衛」（National Missile Defense）のことである。

2 －誤　肢 1 の解説でも触れたが、TMD は「戦域ミサイル防衛」（Theater Missile Defense）のことである。アメリカの同盟国を弾道ミサイル攻撃から守ろうとするこのシステムの日米共同研究は 1999 年より行われている。

3 －正　CTBT に関して妥当な記述である。その後のブッシュ政権も CTBT 批准を拒否している。しかしその後、オバマ大統領はプラハ演説で、「核なき世界」実現のため CTBT の早期批准を目指すことを明らかにした。

4 －誤　条約署名を行ったのはニクソン大統領とブレジネフ書記長であり、また、2002 年にこの条約はブッシュ政権の離脱表明により失効している（**Q32** 参照）。

5 －誤　MTTT なる条約は実在せず、このような条約が米中間で締結されたとの事実もない。

Q35 地球環境問題（地球温暖化）

問 地球環境問題に関する次の記述のうち、妥当なものはどれか。 （国家一般）

1 1997年の地球温暖化防止京都会議は我が国政府の主催によるものであった。同会議では、法的拘束力を持たない京都議定書がほとんど対立なしに採択されて、クリーン・エネルギーの採用などの努力目標が各国政府によって受け入れられた。

2 京都議定書の採択後、ゴア副大統領のイニシアチブの下で、アメリカ合衆国政府は議定書を連邦議会上院に送付し、批准させることに成功した。我が国の国会はいまだ批准しておらず、対応の遅れについて欧米から批判が高まっている。

3 京都議定書は拘束力のある国際条約であり、すでにすべての関係諸国によって批准されている。このように多数の国家が参加して安定した共通の国際ルールを作り上げた時、それは国際政治学でいう国際レジーム（体制）であるということができる。

4 京都議定書では拘束力のある国別の温室効果ガス排出削減目標が設定され、我が国は1990年を基準として目標期間内に6％削減することが義務付けられている。我が国の国会はこれを批准済みである。

5 地球温暖化防止問題では、発展途上国が温室効果ガスの排出量削減に最も積極的であり、次いで国内に強力な環境団体を擁するアメリカ合衆国とヨーロッパ諸国が続き、国内の環境保護運動が弱い我が国は最も消極的なグループに属している。

PointCheck

●気候変動枠組み条約‥‥‥‥‥‥‥‥‥‥‥‥‥‥‥‥‥‥‥‥‥‥‥‥‥‥‥‥【★★★】
　気候変動枠組み条約は、大気中の二酸化炭素などの温室効果ガスの増加によってもたらされる地球温暖化によって、生態系や農業への影響、異常気象、海面上昇などの懸念が生じたことを背景に、**1992年の地球サミットにおいて署名され、1994年に発効した。**
【内容】地球温暖化による環境への悪影響を防止するため、先進国に対し、**温室効果ガス排出を抑制するための政策をとること**が定められているこの条約では、温室効果ガス排出量を1990年代末までに1990年の水準に戻すことが目標とされた。しかし、**具体的な数値目標はなく**、また2000年以降についても言及されていない。この条約の締結以降、効果の予測などを報告する気候変動枠組み条約締約国会議（COP）が定期的に開催されている。

●京都議定書‥‥‥‥‥‥‥‥‥‥‥‥‥‥‥‥‥‥‥‥‥‥‥‥‥‥‥‥‥‥‥‥【★★★】
　気候変動枠組み条約は、二酸化炭素の削減目標について努力目標を提示したにすぎなかった。そこで、地球温暖化防止への取り組みをより確実にするために、**法的拘束力のある数値目標を設定するために、**1997年の**第3回気候変動枠組み条約締約国会議（温暖化防止京都会議）**で議論が行われ、全会一致で京都議定書が採択された。この条約では、2008年から2012年までの間に、**二酸化炭素やメタンなどの温室効果ガスを先進国（旧ソ連諸国を含む）**

締約国全体で1990年比5％以上削減することを目標に、各国ごとに法的拘束力のある数値目標が定められた（**日本6％、アメリカ7％、EU8％、ロシア0％**）。また、京都議定書では、これらの目標を国際協調によって達成するための「**京都メカニズム**」が認められている（**①共同実施（JI）、②クリーン開発メカニズム（CDM）、③国際排出量取引**）。

【加盟国に関する注意】 2004年ロシアが批准し議定書の発効要件を満たし2005年に発効、署名国84カ国・締結国172カ国にのぼる。しかし、**主要排出国であるアメリカは署名のみ、インド・中国が規制対象外という問題**をかかえながら、2012年の約束期間を終了した。COP18で2013年から2020年までの第2約束期間が設定されたが、延長を主張する途上国・EUと新枠組みを主張する先進国の対立が続き、日本・カナダ・ロシアは不参加となり自主削減となった。

●パリ協定 ··· **【★★★】**

　京都議定書に続く2020年以降の新たな気候変動対策について、先進国、開発途上国を問わずすべての締約国が参加する公平かつ実効的な法的枠組みである「パリ協定」が、2015年のCOP21で採択、2016年11月に発効した。**産業革命前からの平均気温の上昇を2℃未満に抑え、1.5℃未満**を目標とする。また、実施にあたっては、**各国の削減目標などを定めた「自国が決定する貢献」を5年ごとに作成・提出・維持する義務がある（目標達成は義務ではない）**。日本は、①2030年までに温室効果ガス排出量を26％削減（2013年比）、②2020年までに自然エネルギーの発電量を8％に引き上げなどの目標を設定している。しかし、排出量2位のアメリカはトランプ大統領が協定離脱を宣言し、締約国に動揺がみられた。

A35　正解ー4

1－誤　京都議定書は法的拘束力を持つ多国間の条約である。

2－誤　アメリカは署名のみで批准せず、ブッシュ政権は京都議定書からの離脱を表明した。

3－誤　京都議定書は国際レジームであるとはいえるが、すべての関係国（気候変動枠組み条約締約国）が批准しているわけではない（**Q66** 参照）。

4－正　日本は2002年に批准を終えている。

5－誤　先進国中、我が国はEUと並んで地球温暖化防止問題には積極的に取り組んでいる。逆に、アメリカは二酸化炭素排出規制などで自国の経済発展の利益が阻害されるとの考えから、消極的である。

Q36 地球環境問題（全般）

問 地球環境問題に関する次の記述のうち、妥当なものはどれか。 （国家一般）

1 砂漠化の進行は、第三世界において重大な政策課題となっている。農耕地の砂漠化により、地域の経済・社会が崩壊するという経済・社会問題であると同時に、砂漠化によって国境を越える人口移動が起きると、国際紛争を誘発するなど、安全保障問題としても深刻である。

2 地球規模の環境問題の中には、多様な問題が含まれており、国際的な取組みの手段としても、問題ごとの個別的な会議が主流であった。しかしながら、個別的な対応だけでは限界があるとの認識から、1992年の環境と開発に関する国連会議において、総合的な政策を確定するものとして国連環境計画が採択された。

3 地球温暖化問題は、経済活動に必ず付随する二酸化炭素の排出制限を含んでいるため、対策についての合意を得ることが政治的に困難な問題である。日米欧の先進産業諸国が一致して早期に厳しく制限することを支持しているのに対して、これから工業化を推進したい発展途上国の多くがそれに反対している。

4 公害問題と石油危機をきっかけとするエネルギー問題への取組みの中で、政府主導の経済構造の改革によって問題解決を図った我が国では、環境問題に対する政治志向が強い。それに対して、多数の国が隣接し公害がすぐに越境してしまうヨーロッパでは、技術的に問題解決をするほかなかったため、環境問題に対する技術志向が強い。

5 地球環境問題に関する非政府組織（NGO）の役割が大きくなっていることが指摘されている一方で、国際機関の意思決定に対してNGOが参加する機会が欠けていることが問題となっている。1992年の環境と開発に関する国連会議にNGOが参加できなかったことは、この会議の重大な欠落点だとして批判されている。

PointCheck

◉**地球環境問題に対する各地域の状況**……………………………………………………………【★★☆】

大　関心　小

ヨーロッパ：国境を多くの国と接しているヨーロッパでは、酸性雨の問題など越境的な問題が早くから存在したため、**政治的な交渉で環境問題を解決してきた歴史がある**

日本：1960年代から都市部や工業地帯における公害が問題となり、また石油危機の影響を受けた日本では、**エネルギー転換などの技術によって環境問題に対処してきた歴史がある**

アメリカ：工業化が進み、他の先進国に比べてエネルギー自給率が高いアメリカは、**環境問題に対する関心がヨーロッパや日本に比べて低い傾向**にある

途上国：開発による経済成長を望む途上国は、地球環境問題の責任は先進工業国にあるとし、**地球環境の保護という目標により、開発に権利が阻害されることを警戒する**

●地球環境問題とは………………………………………………………………【★☆☆】

1970 年代以前　公害＝一国内で対処できる、被害が短期的で可視的
1970 年代以降　環境問題＝国境を越えた問題、国際的な取組みが必要、影響が不可視的

●国連による地球環境問題取組みの歴史………………………………………【★★★】

1972 年　**国連人間環境会議**…初の地球環境に関する会議→ UNEP（国連環境計画）設立
　　　　公式会議と並行して NGO 会議も開催
1982 年　**UNEP 特別理事会開催**…日本の提案で**「環境と開発に関する世界委員会」**設置

1987 年　報告書「地球の未来を守るために」 持続可能な開発を提唱
　　　　＝将来世代のニーズを損なうことのない形で現代の世代のニーズを満足させる
　　　　ような開発
　　　　　→環境と開発の統合を図る概念（環境問題への取組みの基本概念に）
1992 年　**国連環境開発会議（地球サミット）**開催（オブザーバーとして NGO が参加）
　　　　①気候変動枠組み条約、生物多様性条約の署名
　　　　②**リオ宣言採択**（環境問題の責任論について先進国と途上国の対立が生じた
　　　　　ことから「共通だが差異のある責任」という文言が掲げられた）
　　　　③**アジェンダ 21 の採択**（リオ宣言の行動計画、NGO の役割を強調）
1993 年　国連経済社会理事会の下部組織として**「持続可能な開発委員会」**設置
2002 年　**持続可能な開発に関する世界首脳会議開催**…ヨハネスブルク宣言・実施計画採
　　　　択
2012 年　**国連持続可能な開発会議（リオ＋ 20）**…グリーン経済の実施と制度的枠組み
2015 年　**持続可能な開発目標（SDGs）**…2030 年までの行動指針を国連総会で採択

A36 正解－1

1－正　砂漠化に関する妥当な記述である。
2－誤　国連環境計画（UNEP）は、「計画」という名ではあるが、1972 年の国連人間
　　　環境会議の決議に基づき設置された国連の常設機関である。
3－誤　地球温暖化問題への取組みにおいてもっとも重要かつ困難なのが二酸化炭素の
　　　排出制限であるが、この点については途上国と先進国との対立だけにとどまら
　　　ず、日米欧の先進国間においても、スタンスの違いがみられる。
4－誤　日本は環境問題に対する技術志向が強く、ヨーロッパは政治志向が強いといわ
　　　れている。
5－誤　1992 年の地球サミットでは、NGO はオブザーバーとして本会議にも出席した。
　　　それ以来、地球環境問題に関する国際会議の場における NGO の参加範囲は拡
　　　大の一途をたどっており、いまや、条約作成や取組みの強化において欠かせな
　　　い存在となっている。

Q37 人権をめぐる歴史的状況

問 人権をめぐる歴史的状況に関する次の記述のうち、妥当なものはどれか。 （地方上級）

1　人権の保障については、第一次世界大戦前から国際的な関心事となっており、同大戦後、国際連盟規約中に、加盟国国民から自国政府の人権侵害に関する訴えが連盟に提出された場合、内政不干渉の原則を適用せず、審査する旨規定された。

2　1948年に国連が採択した包括的な人権リストである世界人権宣言は、加盟国に対する法的拘束力を有するものとして予定されたが、自由主義国と共産圏諸国の間で評価に食い違いを生じて発効に至らず、わが国も批准していない。

3　1966年に国連で採択された国際人権規約は、経済的・社会的・文化的権利に関するA規約と、市民的・政治的権利に関するB規約とがあり、その履行を確保するため、締約国は報告義務を負うなど、人権尊重の実をあげるよう配慮している。

4　1977年に発足したカーター政権は、人権保障をグローバルな課題として取り上げる人権外交を打ち出し、新秩序をつくり出す政治をめざしたが、この政策により米ソ関係は好転し、SALT II問題においても大きな進展を見た。

5　国連は難民問題への取組みとして難民条約を採択したが、これは自国に滞在する難民に対して積極的に諸種の権利を認めていく義務を締約国に課した内容となっており、わが国は国内法未整備を理由に批准していない。

PointCheck

●人権保障への取組み･･･【★★★】
　人権の国際的な保障が議論されるようになったのは第二次世界大戦後である。それまで、人権は国内の管轄事項とされていたが、第二次世界大戦中にナチスドイツによるユダヤ人への迫害が行われたことをきっかけに、国際的な人権保障の枠組みが求められるようになった。**国連憲章においても、人権保障のための国際協力が目的の1つとして掲げられている。**

⑴世界人権宣言
　1948年、国連総会において、保障されるべき人権の内容を規定した、世界人権宣言が採択された。人種・性・言語・宗教などに基づく差別を全面的に否定し、すべての人間の自由・平等を定めているが、**法的拘束力はない。**

⑵国際人権規約
　世界人権宣言を法的拘束力のある条約にしたものが、1966年に採択された国際人権規約である。国際人権規約は、締約国に人権擁護の実施状況に関する報告義務を負わせるなどの措置が盛り込まれた。

問題でPoint を理解する
Level 1 Q37

第1章

第2章

第3章

第4章

第5章

国際人権規約 ＝ A規約(経済的・社会的・文化的権利に関する国際規約)＝社会権中心
　　　　　　　　＋
　　　　　　　B規約(市民的及び政治的権利に関する国際規約)＝自由権中心
　　　　　　　　＋
　　　　　　　市民的及び政治的権利に関する国際規約についての選択議定書
　　　　　　　（B規約違反に関し個人が締約国を監査機関に訴えるという個人通報制度
　　　　　　　について規定）
※日本は 1979 年に加盟国となったが、選択議定書についてはまだ批准していない。

●人権保障に関する条約………………………………………………………………【★★☆】

条　　約	日本の状況
①ジェノサイド条約 （1948 年採択、1951 年発効）	民族・宗教・人種などによる集団を大量虐殺することを国際法上の犯罪であるとし、禁止する条約だが、**日本は未加入**。
②難民条約 （1951 年採択、1954 年発効）	**1981 年日本加入**。加入に際し、日本国籍者に限定していた国民年金法・児童手当法などを改正した。
③人種差別撤廃条約 （1965 年採択、1969 年発効）	**1995 年に日本加入**。あらゆる人種差別の根絶のために条約締約国は必要な措置をとることが義務づけられている。
④女子差別撤廃条約 （1979 年採択、1981 年発効）	日本は原加盟国。加入に際し、日本は男女雇用機会均等法（1986 年）などの法整備を行った。
⑤児童の権利条約 （1989 年採択、1990 年発効）	1994 年に日本加入。途上国における少年・少女兵や強制労働・人身売買を規制することが主たる目的といえるが、日本では加入後、各自治体で子どもの人権保障や救済のための措置が進められている。
⑥死刑廃止条約 （1989 年採択、1991 年発効）	**日本は未加入**。 ※国連人権規約の第二選択議定書として採択。

A37 正解－3

1－誤　人権が国際的な関心事となったのは第二次世界大戦後である。
2－誤　世界人権宣言は法的拘束力がなく、批准・発効の手続きは不要である。
3－正　世界人権宣言を条約化した国際人権規約に関する妥当な記述である。
4－誤　カーターの人権外交はソ連などの共産主義国における人権蹂躙を非難するためのものであり、これによってむしろ米ソ関係は悪化した（**Q40** 参照）。
5－誤　日本は 1981 年に難民条約を批准し、加盟国となった。

Q38 地球環境に関する施策

問 地球環境問題に関する次の記述のうち、妥当なのはどれか。 (国家一般)

1　1971年に採択されたラムサール条約は、特に水鳥の生息地として国際的に重要な湿地やそこに生息・生育する動植物を保全し、湿地の適正な利用を進めることを目的とした条約である。同条約は、2006年1月末現在で150か国を締約国とする多国間環境条約であり、現在では広く用いられるようになった持続可能な利用という概念を、その採択当初から適正な利用（Wise Use）という原則で取り入れてきた。

2　ワシントン条約は、絶滅のおそれのある野生動植物の保護を図ることを目的として、1973年に採択された。同条約において原則商業取引が禁止される種とされているクジラ7種について、我が国は、持続可能な利用が可能であり、絶滅のおそれについて科学的根拠がないとして、同条約の締約国となっていない。

3　1985年にオゾン層の保護を目的とする国際協力のための基本的枠組みを設定するウィーン条約が採択され、その条約の下で1987年にモントリオール議定書が採択された。同議定書にはオゾン層を破壊するおそれのある物質が定められており、また、開発途上国も含め各締約国におけるオゾン層破壊物質の削減スケジュールも一律に定められている。

4　気候変動に関する国際連合枠組条約（UNFCCC）は、二酸化炭素等の温室効果ガスの増加による気候変動に対処するための国際的な枠組みを定めることを内容とし、1992年の地球環境サミットで採択された。1997年に開催された同条約の第三回締約国会議（COP3）において、主要排出国の温室効果ガス排出量について法的拘束力のある数値目標を定めた京都議定書が採択されているが、米国や中国は同議定書の締約国となっていない。

5　2008年の北海道洞爺湖サミットにおける福田議長総括においては、2050年までに世界全体の温室効果ガス排出量の少なくとも20％の削減を達成する目標を、気候変動に関する国際連合枠組条約（UNFCCC）のすべての締約国と共有し、かつ、この目標をUNFCCCの下での交渉において、これら諸国と共に検討し、採択することを求めることとされた。また、すべての国が一律に有している責任及び能力という原則に沿って、世界全体での対応、特にすべての主要経済国の貢献によってのみこの世界的な課題に対応できるとしている。

PointCheck

●環境に関する主な施策（地球温暖化については **Q35** 参照）　　　　　　　　　　【★★★】
(1)オゾン層の保護

　1985年、UNEPの主導により、オゾン層保護のための国際的な枠組みを定める**ウィーン条約**が採択された。これを具体化したのが**1987年に採択されたモントリオール議定書**で、オゾン層を破壊する恐れのある物質が指定され（フロンガスなど）、その消費や生産について規定している。その後、締約国会議で徐々に規制が強化され、先進国は特定フロンにつき、

1995 年までに全廃。また、途上国についても全廃までのスケジュールが確定している（日本は 1988 年にウィーン条約とモントリオール議定書をともに締結）。

(2)酸性雨

　1960 年代以降、広域的に被害が発生し国際問題となっていたヨーロッパでは、1979 年に欧州経済委員会が**長距離越境大気汚染条約を採択**。これをもとに、1985 年には硫黄酸化物の排出量について規定した**ヘルシンキ議定書**が、さらに、1988 年には窒素化合物の排出量の現状凍結を内容とする**ソフィア議定書**がそれぞれ採択された。アジア地域では、中国をはじめとする東アジア諸国の急速な工業化に伴い、酸性雨への対策として日本の環境省の提唱により**東アジア酸性雨モニタリングネットワーク**が設立された。

(3)砂漠化

　砂漠化は、飢餓や環境難民の原因となり、国際社会にとって大きな影響を与える。これに対処するため、1994 年、**砂漠化防止条約**が国連で採択され、1996 年に発効した。

(4)熱帯林の破壊

　熱帯林の減少については、1992 年の地球サミットにおいて森林原則声明が採択され、森林保護のための国際的な取組みの必要性が示された。東アジア地域においては、2002 年より**アジア森林パートナーシップ（AFP）**が定期的な会合を行っている。

(5)有害廃棄物の越境移動

　先進国から途上国への有害廃棄物の国際移動と処分を適正に行うための**バーゼル条約**が 1992 年に発効し、有害化学物質の情報交換に関するロッテルダム条約と残留性有機汚染部室に関するストックホルム条約との 3 条約連携で、適正管理体制構築を目指している。

(6)野生生物の保護

・**ワシントン条約**（1973 年採択・1975 年発効）：絶滅のおそれのある野生動植物の国際商取引を規制する内容となっている。日本は 1980 年に加盟。

・**ラムサール条約**（1971 年採択、1975 年発効）：水鳥の生息地として重要な湿地を守ることを目的とする。日本の湿地も 37 カ所が登録されている。

・**生物多様性条約**（1992 年採択、1993 年発効）：地球サミットで署名された、生物の多様性を保全し、生物資源の持続的な利用と遺伝子資源から得られる利益を公平に分配することを目的とする。アメリカはバイオテクノロジーについて定めた条項に反発し未加盟。

A38 正解— 1

1 —正　湿地生態系と生物多様性の保全と、その賢明な利用を目指す国際協定である。

2 —誤　日本もワシントン条約に加盟しているが、付属書Ⅰに掲げられているクジラ 7 種と、付属書Ⅱのジンベイザメ等 4 種を、規制の対象外となる「留保」とした。

3 —誤　先進国と途上国の全廃までのスケジュールは異なるものである。

4 —誤　京都議定書について、アメリカは署名を行ったが後に離脱し、締約国ではない。中国は、削減目標のある先進国には含まれず、署名・締結をしている。

5 —誤　議長総括では、「温室効果ガス排出量の少なくとも 50％の削減」を目標とし、各国の事情の違いを考慮に入れ削減を達成するとしている。

Q39 安全保障

問 安全保障に関する次の記述のうち、妥当なものはどれか。 (国家一般)

1 集団防衛（collective defense）とは、対立する国家群を一つの体制内に取り込むことによって脅威を内部化して、戦争や戦争の脅威は国際体制全体に対する悪であるという共通認識の下に、平和を維持しようとするものである。集団防衛の方式を採用した最初の普遍的な体制は、第一次世界大戦後に創設された国際連盟である。

2 予防攻撃（preventive strike）とは、紛争の勃発や拡大を防止するとともに、紛争勃発後にはその拡大を限定するための武力の使用として理解されてきた。1992年に B. ガリ国連事務総長が『平和への課題』で、予防攻撃を国連の実施すべき平和活動の一つとして提唱して以来、その研究と実践は急速に盛んになった。

3 核抑止論とは、核兵器保有国の数の増加を抑止することを意味し、そのための国際体制を核不拡散体制と呼ぶ。冷戦終結後の国際社会では、インド、パキスタンの核開発問題を始めとして数多くの深刻な安全保障上の懸念が生じている。それゆえに現代の国際社会では、核抑止体制を強化することにより平和を維持することが目指されている。

4 「人間の安全保障（Human Security）」とは、安全保障の課題として、国家の安全を実現しようとするだけでは不十分であり、一人一人の人間の安全の確保が目指されるべきだという考え方から生まれた概念である。この概念が唱えられ始めた契機は、先進工業国において治安が悪化した結果、犯罪が凶悪化し日常生活の不安が増大するようになったことである。

5 テロリズムの語源は、フランス革命期におけるジャコバン派による恐怖政治（レジーム・ド・ラ・テルール）であるといわれている。ある政治的・社会的状況の下で一定の目的を実現するために、個人ないし組織集団に対して恐怖的状況が作り出されることを、一般的にテロリズムとよんでいる。

PointCheck

●人間の安全保障‥‥‥‥‥‥‥‥‥‥‥‥‥‥‥‥‥‥‥‥‥‥‥‥‥‥‥‥‥‥‥‥‥‥‥‥‥‥【★★☆】

冷戦後の現代世界においては、国家間の対立・戦争だけではなく、内戦、政治的抑圧、貧困、環境破壊、疾病などが人々の深刻な脅威となっている。一部の国では、政府機能が麻痺し、人々の安全や人権を守れない状況も生じている。このような状況に対処するために、外国からの軍事的脅威から国家や国民を守るという伝統的な国家安全保障概念に対して提示されるようになったのが、**人々の安全を脅かすさまざまな障害について包括的に理解しこれに対処していこうとする、人間の安全保障という概念**である。人間の安全保障は、従来の国家中心の安全保障とは異なるが、両者は対立概念ではなく、相互補完関係にあると考えられている。人間の安全保障は、ノーベル経済学賞受賞者であるアマルティア・センの影響を受けた**国連開発計画（UNDP）の1994年の人間開発報告書**で公式に提唱され、その後、国

連、EUなどの国際機関だけでなく、カナダや日本などの政府によっても主張されるように
なった。実現に向けた取り組みも本格化し、1999年には日本の働きかけで、**国連に「人間
の安全保障基金」**が設置されたほか、2001年には**緒方貞子・元国連難民高等弁務官**と、ア
マルティア・センを共同議長とする**「人間の安全保障委員会」**も設置された。

● 破綻国家 ┃ 理解を深める ┃ ‥‥‥‥‥‥‥‥‥‥‥‥‥‥‥‥‥‥‥‥‥‥‥‥‥‥‥【★★☆】

　破綻国家とは、**政府機能の麻痺、構成グループの対立による社会の崩壊、国家財政の破綻
などにより国家として自立できなくなった国**をいう。今日破綻国家とみなされている国の多
くはサハラ以南のアフリカに集中している。これらの国は、第二次世界大戦後に植民地から
独立したものの、政府組織が弱体であるため反政府武力闘争が多発し、また植民地時代の旧
宗主国による恣意的な国境をそのまま引き継いだため、部族が分断されるなどして、多くの
国が多民族国家となったことから、国民統合が困難であり、内戦や隣国との部族紛争が頻発
することとなった。冷戦中は、米ソによる戦略的援助により決定的な破綻は抑え込まれてい
たが、冷戦終結後は先進国の関心が薄れたことにより、これらの問題が顕在化することとな
った。今日、破綻国家はテロ組織の温床となるなどの問題を国際社会に投げかけている。

● 欧州移民・難民問題‥‥‥‥‥‥‥‥‥‥‥‥‥‥‥‥‥‥‥‥‥‥‥‥‥‥‥‥‥‥‥【★☆☆】

　現在、「人間の安全保障」に関し国際社会最大の課題は、激増する移民・難民問題である。
シリア内乱、リビア内戦、エリトリア圧政、ISIL (IS) やボコ・ハラムの迫害などから逃れ、
地中海・トルコ〜ギリシャ経由でEU諸国へ大量に移民・難民が流入し、2015年には暴行・
争乱事件や同時多発テロ、2016年には英国民投票のEU離脱問題にまで展開した。独・メル
ケル首相は庇護申請者をEU諸国への配分を主張したが、EU首脳会議・理事会はトルコ(難
民条約未批准)への強制送還を決定した。これに対して国連難民高等弁務官事務所(UNHCR)
は、申請者の集団強制送還は国際法に反すると懸念を表明している。

Level up Point!
　安全保障というテーマは、核拡散問題、安全保障体制や概念、国際理論、また国連の取組みな
どにまたがる分野横断的なものである。変わった肢がみられることもあるが、消去法でも正解で
きるよう、頭の中で立体的に知識を組み立てておこう。

A39 正解ー5

1 −誤　集団防衛ではなく、集団的安全保障の説明となっている（**Q02** 参照）。

2 −誤　ガリが「平和への課題」で示したのは予防外交である（**Q26** 参照）。

3 −誤　核抑止論とは、核兵器の保有が壊滅的な最終戦争を結果的に抑止する効果があ
　　　るとする考え方で、核兵器保有を制限する核不拡散とは異なる（**Q06**、**Q31**
　　　参照）。

4 −誤　人間の安全保障は、途上国における貧困や人権抑圧などが問題となるなかで提
　　　唱されるようになった概念である。

5 −正　テロリズムの語源に関する妥当な記述である。

Q40 人権問題

問 人権問題に関する次の記述のうち、妥当なものはどれか。 (国家一般)

1 国際連合は設立の初期から人権問題に関心を示し、1948年の第3回総会において世界人権宣言を採択した。世界人権宣言には、すべての人民とすべての国が達成すべき人権の共通基準が記されている。

2 アメリカ合衆国は、国内で黒人に対する法的差別が存在していた1950年代から、対外的には強硬な人権外交を展開し、イラン、韓国、ブラジルなどの権威主義体制の国々に対して制裁の可能性をほのめかしながら人権状況の改善を強く要求した。

3 グリーンピースは、アメリカ合衆国に本部を置く国際的な人権保護団体であり、中国国内でのキリスト教徒の人権侵害や我が国国内での女性差別に対して調査報告書を公表して、改善を要求している。

4 南アフリカ共和国のアパルトヘイトに対しては、アメリカ合衆国や北欧諸国も制裁を課すことなく寛大に対応した。その結果、白人の政権はまったく譲歩を示さず、黒人に対する差別もほとんど緩和しないまま、今日に至っている。

5 アムネスティ・インターナショナルは、国連の下部機関として各国の人権状況の監視を行う国際組織であり、加盟各国政府の出資によって支えられている。我が国は設立当初より積極的に財政支援を行ってきている。

PointCheck

●アメリカの人権外交 ··【★★☆】

人権外交とは、他国内における**人権侵害の是正を目的とする外交行為**を意味し、その背景には人権尊重が国際社会の正当な関心事であり、人権状況の改善を求める行為は内政不干渉にあたらないとする考えがある。国際政治史においては、**1970年代以降開始されたアメリカのカーター政権によって人権外交（道義外交）が推進された**ことが知られる。しかし、カーター大統領は、ソ連国内における人権蹂躙を攻撃的に批判する一方、インドネシアなどの同盟国に対しては甘く、人権を理由にした対ソ戦略としての政治的側面が強いものであった。人権外交の方法としては、国際会議などで批判の対象として取り上げるなどの政治的な方法と、開発援助の提供を人権擁護の見返りとするなどの経済的な方法に大きく二分される。我が国がODA大綱・開発協力大綱で人権・民主化の実現・人間の安全保障を挙げていたり、EU諸国が開発援助の条件に人権尊重を示しているのは後者に分類される。

●人権NGOの活躍 ··【★☆☆】

人権問題に対する他国からの干渉は、上記したように、政治的なものになりやすい。そこで、各国の人権状況の改善に、国家の利害を離れて活動できるNGOが大きな役割を果たすこととなる。人権問題については、**アムネスティ・インターナショナル**や、**ヒューマン・ラ**

イツ・ウオッチなどが国際的に影響力を持つNGOとして活躍している。

◉南アフリカ共和国におけるアパルトヘイト撤廃までの道のり……………………【★★☆】

1934年　南アフリカ共和国独立
　→白人系（人口の1/4）の**国民党政府発足**
　黒人（人口の3/4）を差別するアパルトヘイト（人種隔離政策）を実施
1959年　**バンツースタン政策導入**
　→黒人を10の指定地（国土の13%を占める不毛の地）に強制的に居住させる
1960年〜**黒人の抵抗運動激化**
　アフリカ民族会議（ANC）が武力闘争を行う　←　**国際社会の非難**
1983年　バンツースタン政策をとりいれた新憲法実施
↓
黒人による暴動が頻発
↓
政府は非常事態宣言を行い制圧

1977年　**安保理「対南アフリカ武器禁輸措置」**
1985年　**安保理「経済制裁を含む非軍事的強制措置の勧告」**

←　国際社会はアパルトヘイト全廃を要求し、経済制裁

1989年　**デクラーク政権発足**
↓　アパルトヘイト廃止に着手し、**ANC副議長のマンデラを釈放**
1991年　アパルトヘイト基本3法（土地法・集団居住法・人種登録法）撤廃
1994年　**全人種による民主的な選挙でANCが勝利**
　マンデラ議長を大統領とする国民融和政権が発足

Level up Point!

人権問題については、国際的な人権保障の必要性が浸透した今日でも、国や民族、宗教によって価値観はさまざまであり、普遍的な人権基準は存在するのかといった問題もある。そのため、人権外交は政治的に新たな対立を国家間に生じさせる可能性のある点を理解しておかなくてはならない。

A40　正解ー1

1ー正　国連憲章では基本的人権の達成が目標として掲げられている。
2ー誤　アメリカ政府によって、人権外交が行われるようになったのはカーター政権成立後の1970年代からである。また、アメリカは韓国やブラジルなどの同盟国に対して圧力はかけるものの人権状況改善を強硬に主張することはなかった。
3ー誤　グリーンピースは環境問題に関する活動を行っているNGOである。
4ー誤　アパルトヘイトに対して、国連や国際社会は早くから非難し対応してきた。
5ー誤　アムネスティ・インターナショナルは国際NGOであり、国連の下部組織ではない。

Q41 グローバル・イシュー（移民・難民）

問 国境を越えた人の移動に関する次の記述のうち、妥当なのはどれか。 （国家一般）

1 ディアスポラとはギリシャ語で離散を意味する言葉で、世界各地に散在しながら、アイデンティティやエスニシティを失わずに世代交代を繰り返してきた共同体を民族ディアスポラと呼ぶ。ユダヤ人がその典型例とされるが、アルメニア人や華僑などのように、遠隔地交易など異文化仲介に従事していたために自発的に広域に分布するようになった人々が民族ディアスポラになる例もある。

2 ロシア革命などによって故郷を追われた数多くの人々を保護する必要性が高まり、1921年に国際連盟は、国際難民機関（IRO）を創設し、ナンセンを初の難民高等弁務官に指名し、ロシア難民などに対する旅券発行（ナンセン・パスポート）や本国帰還業務などを実施した。IROはヨーロッパの難民に保護対象を限定していたので、多数のインドシナ難民などが生み出されたことを契機に、1975年、国連難民高等弁務官事務所（UNHCR）が創設された。

3 1951年に採択された難民条約は、第1条で「政治的意見を理由に迫害を受けるおそれがあるという十分に理由のある恐怖を有するために、国籍国の外にいる者」と難民を定義していた。この定義では、国境を越えない「国内避難民」、母国の経済状況悪化により先進諸国に流入する「経済難民」、砂漠化、森林伐採、地球温暖化などに伴う「環境難民」が人道的救済の対象にならないため、1998年に難民条約第1条は改正された。

4 国境を越えた人の移動は、一般に、プッシュ要因（母国側が押し出す要因）とプル要因（受入国側が引き寄せる要因）から説明される。移民が発生するプッシュ要因としては、母国での貧困や不均衡発展などが考えられるが、大量の移民労働者の流入は、受入国で移民排斥運動などを惹き起こす傾向がある。そこで、移民労働者の保護と受入国の調整を目的とする機関として、2003年、国連事務局内に人道問題調整局（OCHA）が設立された。

5 移民労働者を受け入れる側のプル要因として、受入国経済における安価な移民労働力の需要などが考えられる。例えば、日本は、看護師や介護福祉士が不足している状況下で、2002年にはフィリピンとの間で経済連携協定(EPA)を締結する作業を開始した。しかし、2003年に「すべての移民労働者及び家族構成員の権利の保護に関する国際条約」が発効したために、日本政府は翌年から開始する予定だったEPA締結交渉を中止した。

PointCheck

●グローバル・イシューに関わる主な組織‥‥‥‥‥‥‥‥‥‥‥‥‥‥‥‥‥‥【★★★】
⑴環境

国連環境計画（UNEP）：国連の常設的補助機関であり、人間環境に関する国連諸機関の活動を調整し、資金の提供、条約の草案作成などを行う。

問題でPoint を理解する
Level 2 **Q41**

第1章
第2章
第3章
第4章
第5章

(2)人権

①**国連難民高等弁務官事務所（UNHCR）**：難民の救済を目的として 1950 年に設置され、国連の常設的補助機関となった。今日 UNHCR は国内避難民を含めた難民の保護や帰還支援、第三国での定住を援助するなどの活動を行っている。

②**国連人権理事会**：国連改革の一貫として、2006 年に従来の経済社会理事会の下の人権委員会を強化して設置された総会の補助機関であり、人権の促進と保護の拡大を目的とする。重大な人権侵害を行う理事国の資格停止などが規定されている。

(3)人口・食糧

①**世界食糧計画（WFP）**：国連の常設的補助機関であり、多国間食糧援助のための主要な機関として活動を行っている。1996 年にローマで開催された世界食糧サミットでは、世界に 8 億人いる栄養不足人口を 2015 年までに半減させるためにあらゆる努力を行うことを確認するローマ宣言と行動計画に合意した。

②**国連人口基金（UNFPA）**：国連の常設的補助機関であり、毎年「世界人口白書」を発行している。人口と開発、リプロダクティブ・ヘルス・ライツ（女性の子どもを産む権利）、ジェンダーの平等などを掲げて活動を行っている。

Level up Point! グローバル・イシューに対しては、国連がさまざまな取組みを行っているが、それらはミレニアム開発目標も含めて、「人間の安全保障」とリンクしている（**Q54** 参照）。人間の安全保障概念をしっかりと理解しておけば、国連の活動などに関する記述の判断も楽になるだろう。

A41 正解ー1

1 －正　離散した民族であるディアスポラと難民との違いは、ディアスポラが移住先に定住し永住している点にある。

2 －誤　国際難民機関（IRO）は第二次大戦後の難民問題のため 1946 年に設立。国連難民高等弁務官事務所（UNHCR）は 1950 年に設立され、IRO を引き継いだ。

3 －誤　難民条約は、「難民の地位に関する議定書」で対象難民の時間的制約を除いたが、1 条そのものは改正されていない。原則「政治難民」とされている。ただ、政治難民と経済難民との区別や、国境を越えたか否かでの区別は困難であり、実際に UNHCR は約 1370 万人にのぼる国内避難民への支援も行っている。

4 －誤　移民労働者発生についての第 1 文は正しいが、国連人道問題調整事務所（OCHA）は紛争や自然災害での緊急人道支援を行う機関である。国連では「すべての移民労働者及び家族構成員の権利の保護に関する国際条約」が 1990 年に総会で採択され、ILO や国連人権高等弁務官事務所（OHCHR）が移民問題にあたる。また、国際移住機関（IOM）が国連総会オブザーバー資格で移民の問題を扱う国際機関として存在する。

5 －誤　国内労働市場の安定のため日本を含む先進国は当該条約を批准していない。また、インドネシア・フィリピン・ベトナムとの EPA は既に発効し、看護師・介護福祉士の受け入れが進められている。

Q42 人権と人権外交

問 人権および人権外交に関する次の記述のうち、妥当なものはどれか。 （国家一般）

1 人権は本来、領土・人民などとともに主権国家の構成要素をなすものであり、国家の安全保障と密接不可分なものと理解されていた。したがって、人権外交は国家主権の行使の究極的形態であり、人権外交において非政府機関（NGO）が果たす役割は極めて小さいものと通常考えられている。

2 人権外交は実態としては古くから存在するが、人権外交という用語が一般的に使われるようになったのは、新冷戦期に入りアメリカにレーガン政権が登場してからである。レーガン大統領は、共産国の人権問題よりも、むしろマルコス政権下のフィリピンなどアメリカに依存的な国々の人権問題を積極的に取り上げ、人権外交への一貫した関与を示した。

3 人権は人間の基本的権利であり、普遍的性格を有するものである。このため人権概念が時代・地域・文化にかかわらず同一の内容をもつことは、先進国・発展途上国いずれにおいても広く承認されており、各国の人権状況を判定する客観的基準を設定することは極めて容易なことである。したがって、どの国が極端な人権侵害国であるかは、この客観的基準に沿ってほぼ自動的に決定しうるといえる。

4 第2次世界大戦後、日本は人権尊重を1つの柱とする憲法を制定した。このような動向は、日本国憲法制定とほぼ同時期に国際連合を中心に採択された世界人権宣言をはじめとする人権問題の議論の進展と密接に関連しており、日本は国連加盟と同時に人権委員会に参加して以後活発な活動をくり広げた。

5 1992年、日本は政府開発援助（ODA）の基本理念を明確にするために、いわゆる援助大綱を発表した。これは、開発援助は経済的観点からのみ行われてはならないという国際世論を受けて、前年に公表されたODA4原則を更に発展させたもので、開発援助と人権を結びつけた日本の人権外交の出発点をなすものといえる。

PointCheck

●人権保障のための取り組み……………………………………………………………【★★☆】
⑴国連

　基本的人権の尊重を目的とした国連では、経済社会理事会の下にその実現のための委員会を設置することを国連憲章において規定していた。これにより**1946年に人権委員会が設置**され、世界人権宣言や国際人権規約をはじめとするさまざまな条約や宣言案を作成してきた。1992年には日本も人権委員会のメンバーとなり、また、同委員会においては、国連NGOの発言権も認められている。**2006年に国連人権理事会に改組され、人権委員会は発展的に解消した**。その他、1993年には、国連人権高等弁務官（OHCHR）が国連総会により設置され、人権の促進と保護のために活動を行っている。

問題でPointを理解する
Level 2 **Q42**

第1章

第2章

第3章

第4章

第5章

⑵**ヨーロッパ** 1950年 欧州人権条約採択、1975年 ヘルシンキ宣言（CSCEにて採択）

⑶**アフリカ** 1981年 アフリカ人権憲章（バンジュール条約）採択

⑷**日本** ODA大綱（開発援助の目的として人権・民主化の実現、**Q56**参照）

⑸**アメリカ大陸** 1969年 米州人権条約採択

【国際平和活動〜主なノーベル平和賞受賞者と授賞理由】

1901：アンリ・デュナン（スイス・赤十字社創設）、1906：T. ルーズベルト（米・日露戦争停戦仲介）、1919：T.W. ウィルソン（米・平和の十四カ条、国際連盟創設）、1945：C. ハル（米・国際連合の父）、1953：G. マーシャル（米・マーシャル・プラン）、1957：L.B. ピアソン（カナダ・国連緊急軍創設）、1964：M.L. キングJr（米・公民権運動の指導者）、1973：H. キッシンジャー（米・ベトナム戦争和平交渉）、1974：佐藤栄作（日・非核三原則提唱）、1978：M. ベギンとA. サダト（キャンプ・デービッド合意）、1979：マザー・テレサ（印・長年の平和人権博愛活動）、1990：M. ゴルバチョフ（ソ連・冷戦終結と共産圏民主化）、1991：アウンサンスーチー（ミャンマー・非暴力民主化運動）、1993：N. マンデラとF. デクラーク（南ア・アパルトヘイト終結）、2009：B. オバマ（米・「核なき世界」）、2012：欧州連合（EU・欧州の平和安定協調）、2014：マララ・ユスフザイ（パキスタン・児童の人権）、2017：ICAN（スイス・核兵器廃絶キャンペーン）

Level up Point!

　　人権問題は、長く国際社会において国内管轄事項とされ、内政不干渉原則のもと、他国がこれに口出しするのはタブーとされてきた。第二次世界大戦中のナチスドイツによるユダヤ人ホロコーストをきっかけに、戦後は国連を中心に国際的な人権保障の枠組みが形成されるようになったが、今日でも人権問題は簡単に政治問題に転化しやすく、国家レベルでの取組みだけでは人権の国際的保障を実現させるには不十分である。そこで、そのような特徴をもつ人権分野においては、国家の利害を超えて活動できるNGOの役割が大きく、今後の活躍も期待されている。

A42 正解ー5

1 －誤　国際的な人権保障において、NGOの役割は今日ますます増大している。

2 －誤　アメリカにおける人権外交は、外交の道義性を掲げたカーター政権によって1970年代に開始された（**Q40**参照）。

3 －誤　世界人権宣言および国際人権規約では、保障すべき人権の内容が規定され、その後も各地で人権保障に関する条約が作られてきたが、本質的に人権は、時代・地域・文化と密接な関係にあるものであり、それらすべてに共通する客観的な基準を作ることは容易ではない。

4 －誤　日本が国連に加盟したのは1956年であるが、人権委員会に参加することとなったのは1992年である。なお、人権委員会は、国連改革の一環として2006年に国連人権理事会に改組され、国際的な人権状況の監視・改善により包括的かつきめ細かい活動の実施が期待されている。

5 －正　日本のODA大綱で示された開発援助と人権・民主化とのリンクに関する妥当な記述である（**Q56**参照）。

1 ブレトン・ウッズ体制
Level 1 ▷ **Q43,Q46**   Level 2 ▷ **Q53**

▶p96 ▶p100

1944年 **ブレトン・ウッズ協定締結**

国際通貨基金（IMF）発足
…国際通貨・金融体制の中心

国際復興開発銀行（IBRD）発足
…戦後復興のための長期資金融資が目的

ブレトン・ウッズ体制（IMF体制）

＝米ドルを基軸通貨とする 固定相場制 （金・ドル本位制）
　　…金1オンス＝35ドル、1ドル＝360円

2 ブレトン・ウッズ体制の崩壊とその後
Level 1 ▷ **Q44**   Level 2 ▷ **Q53**

▶p97

　第二次世界大戦終結直後、アメリカの圧倒的な経済力を背景にして発足したブレトン・ウッズ体制は、西欧諸国や日本などが戦後復興を遂げ、経済成長を実現させるにつれ、アメリカの国際競争力が相対的に低下したために徐々に変質していくこととなる。

1971年 8月	ニクソン米大統領が金とドルの交換停止を宣言＝**ニクソン・ショック**
1971年 12月	**スミソニアン協定** 　　　　　金とドルの交換比率変更（金1オンス＝38ドル） 　　　　　ドルの切り下げ・円の切り上げ（1ドル＝308円） その後もドルへの信用は回復せず、1973年のドル再切り下げを契機に、主要国はすべて 変動相場制 へ移行
1976年	**キングストン協定**…正式に変動相場制を容認
1985年	先進5カ国蔵相・中央銀行総裁会議（G5）にて**プラザ合意**…ドル高是正を意図
1987年	先進7カ国蔵相・中央銀行総裁会議（G7）にて**ルーブル合意**…ドル安是正を意図
1997年	アジア通貨危機

3 GATT・WTO
Level 1 ▷ **Q43,Q45,Q46**   Level 2 ▷ **Q53**

▶p94 ▶p98

　金融・為替部門において戦後国際経済の中心的役割を担ったのが、ブレトン・ウッズ体

制（IMF体制）であったのに対し、自由貿易部門において戦後国際経済の中心となったのはGATTである。GATTは1995年にWTOへと発展的解消を遂げ、今日ではWTOが正式な国際自由貿易の発展のための組織として活動するようになっている。

1947年	**GATT**（貿易と関税に関する一般協定）
	↓ …ITO（国際貿易機構）憲章の一部として作られたがITOの設立失敗により GATTが戦後自由貿易体制の中心に
	自由・無差別・多角主義が基本理念
1995年	**WTO**（世界貿易機関）
	↓ …GATTウルグアイラウンドにおけるマラケシュ宣言で設立が決定
	GATTを踏襲しつつ、対象範囲拡大、紛争処理機能の強化がみられる

4 国際経済開発（南北問題）　　Level 1 ▷ **Q47〜Q51**　Level 2 ▷ **Q54,Q55**

▶p102　▶p104　▶p106　▶p108

　南北問題とは、豊かな北の先進国と貧しい南の発展途上国との経済的格差をめぐって起こる対立や協調を指す用語であり、国際経済開発問題とも呼ばれる。戦後、植民地であったアジアやアフリカで独立国家が誕生したことで、これらの問題が浮上し、国際社会において対策が求められるようになった。

1961年	国連総会において第一次国際開発戦略採択 （＝第一次国連開発の10年：1960年代）…その後第4次（1990年代）まで続く
1964年	**国連貿易開発会議（UNCTAD）**発足
1974年	国連特別総会における**新国際経済秩序（NIEO）**樹立宣言 ↓ 資源ナショナリズムなどをめぐり南北対立激化
1980年代〜	**累積債務問題**、環境問題、NIEs（新興工業経済地域）の登場などによる**南南問題**の浮上などにより、南北問題は複雑化

5 政府開発援助（ODA）　　Level 1 ▷ **Q52**　Level 2 ▷ **Q56**

▶p112

ODAの要件
- ・**政府や政府機関が行うもの**であること
- ・発展途上国の**経済開発や福祉の向上に寄与**するものであること（軍事援助は含まれず）
- ・**グラント・エレメント**（贈与要素の比率を表す指標）が**25％以上**であること

　日本では、1992年に**ODA大綱**を閣議決定、90年代には**ODA拠出額が世界1位**であった。しかし、2000年代に入ると、2003年に**新ODA大綱**を発表するも、厳しい財政状況のなかODA拠出額は減少し、2014年度は金額ベースで世界4位となった。そこで2015年には、より幅広い概念を示す**「開発協力大綱」**を閣議決定し、従来のODAに加え**日本の安全保障や経済成長に貢献する対外協力・援助**を積極的に行う方針を鮮明に示した。

Q43 第二次世界大戦後の貿易体制

問 第二次世界大戦後の貿易体制に関する次の記述のうち、妥当なものはどれか。(国家一般)

1 1929年の大恐慌の後、保護貿易主義が広がり世界貿易が衰えたことに対する反省から、国際通貨の安定を図るために1947年ジュネーブで調印されたのがGATTである。

2 自由貿易体制を作るうえで中心となったのが、一連の関税引下げ交渉であるが、工業製品における関税引下げはアメリカの強い抵抗にあって進まなかった。

3 一次産品輸出に頼る発展途上国は自由貿易体制を歓迎し、先進国の輸入代替政策とは対照的に、輸出志向工業化政策を実施した。

4 農業製品の自由貿易化は、工業製品に比べて難航した。ヨーロッパの外部に対して農業を防衛する目的から、ヨーロッパではEC(ヨーロッパ共同体)が発生した。

5 経済社会のソフト化・情報化につれて、国境を越えたサービス活動が広範に行われるようになった。ウルグアイ・ラウンドでは、サービス貿易のルール作りが交渉の焦点の1つとなった。

PointCheck

● GATT成立の経緯 ……………………………………………【★★★】

　GATTの正式名称は、「関税と貿易に関する一般協定」である。この名称からも明らかなように、戦後自由貿易体制の中心を担ってきたGATTは、本来正式な国際機関としてではなく、協定としてスタートした。その理由・経緯から確認しておこう。

⑴ ITO(国際貿易機構)設立構想

　1929年の世界恐慌後、各国が採用するようになったブロック経済や保護主義的経済政策が国家間の貿易を収縮させ、対立をあおり、第二次世界大戦の原因となった。この反省のもと、アメリカはブレトン・ウッズ協定によるIMFやIBRDに続いて、自由貿易を推進し、関税の引下げ交渉を行うことを目的とするITO(国際貿易機関)の設立を提唱した。これを受けて、1948年、ITO憲章(ハバナ憲章)が合意されたが、提唱国であるアメリカが議会の反対により不参加を表明。当時絶大な経済力を有していたアメリカの不参加により、各国も参加を見合わせることになり、**結局ITOは設立されずに終わった**。

⑵ GATTの採択

　1947年に、ITO設立の前にあらかじめ暫定的に締結されていたのが、「関税と貿易に関する一般協定」(GATT)である。ITOが設立されなかったため、翌年の1948年に発効した**GATTが、戦後の自由貿易促進のための柱となった**。

問題でPoint を理解する
Level 1 **Q43**

第1章

第2章

第3章

第4章

第5章

● **GATT の目的と重要規定** ……………………………………………………【★★★】

　GATT の目的は、自由貿易を促進するために、多国間交渉により、さまざまなモノに対する関税や、非関税障壁の撤廃を実現させることである。

⑴ **GATT の基本理念**

　自由・無差別・多角主義が原則とされる。特に重要なのは、多角主義であり、これは国際貿易に関する諸問題について、多国間で協議や交渉を行い、調整や解決を図ろうとする方式である。二国間交渉に比べて時間がかかるが、国際貿易全体を発展させようとする点で優れている。

⑵ **GATT の重要規定**

　GATT の規定のうち、重要なものを以下に挙げておく。

　　第1条　一般的最恵国待遇（締約国間で差別をしてはならない）

　　第3条　内国民待遇（相手国民と自国民を差別してはならない）

　　第11条・第13条　原則として数量制限（関税障壁の一つ）を認めず、無差別適用を
　　　　　　規定

　　第19条　セーフガード（緊急輸入制限）

　　第23条　紛争が生じた際には、審議を要求できる

A43　正解－5

1－誤　国際通貨の安定を目的として発足した組織は、IMF（国際通貨基金）である。IMF 協定は、アメリカのブレトン・ウッズにおいて 1944 年に調印された（**Q44** 参照）。

2－誤　工業製品の輸出国であるアメリカは、自国の市場拡大のために、工業製品における関税引下げを推進した（**Q45** 参照）。

3－誤　国内産業を保護・育成することで経済発展を達成することを望む発展途上国にとって、自国産業が国際競争にさらされることになる自由貿易は歓迎されるものではない。また、輸入代替政策も輸出志向工業化政策もともに発展途上国によってとられる政策である（**Q51** 参照）。

4－誤　EC は、域内の市場統合を目的として誕生した。ヨーロッパは農業の自由化についてアメリカと比べると抵抗が強い傾向にはあるが、農業製品の自由化が焦点となったウルグアイ・ラウンドはマラケシュ宣言で合意に達している（**Q45** 参照）。

5－正　ウルグアイ・ラウンドに関する妥当な記述である（**Q45** 参照）。

Q44 ブレトン・ウッズ体制の崩壊

問 ブレトン・ウッズ体制の崩壊に関する次の記述のうち、妥当なものはどれか。（地方上級）

1 　1970年代半ばの固定相場制から変動相場制への移行は、レーガン政権下における、ベトナム戦争の深刻化に伴う軍事支出の増大が引き起こした、アメリカからの金の流出を、直接の原因としている。

2 　ブレトン・ウッズ体制崩壊の背後には、覇権国であったアメリカの相対的な経済力の低下という国際経済における構造的変化があり、そのことが、世界平和の維持にかかるコストの一部を日本が負担すべきであるという議論を生み、その結果、沖縄に米軍基地が造られた。

3 　ブレトン・ウッズ体制の崩壊により金・ドルの交換は停止され、それによりドルの準備通貨としての重要性が低下したため、特別引出権（SDR）を基軸通貨にしようとする動きもあったが、今日に至るまで依然としてドルが準備通貨として最も重要な地位にある。

4 　ブレトン・ウッズ体制の崩壊により、主要先進国の為替管理体制は固定相場制から変動相場制に移行したため、自由な為替レートの変動により貿易収支の不均衡が速やかに回復するようになり、アメリカの貿易収支の巨額の赤字も縮小し、また主要通貨の間の為替取引きの緩衝機構として機能していたユーロカレンシー市場は、市場規模が縮小していった。

5 　ブレトン・ウッズ体制崩壊の一端は、人的資源の育成、高率の工業投資、研究開発投資の推進および技術革新の進展などを可能にする産業政策が、中国をはじめとする社会主義国の国際競争力を強化させたことにある。

PointCheck

◉**ブレトン・ウッズ体制**……………………………………………………………………【★★★】
　ブレトン・ウッズ体制とは、第二次世界大戦が終結する以前の1944年に締結されたブレトン・ウッズ協定によって設立された**国際復興開発銀行（IBRD）**と**国際通貨基金（IMF）**を中心とする「自由・無差別・多角的」を理念とした戦後の国際経済体制のことである。しかし、公務員試験において、ブレトン・ウッズ体制といった場合には、特に**IMFを中心とした国際通貨体制**のことを指す場合が多い。

【ブレトン・ウッズ体制の目的】
　①大恐慌後の1930年代のブロック経済の反省から、平価の切り下げ競争による通貨秩序の混乱を避けること
　②各国が雇用の確保や経済成長といった国内の経済目標を追求できること
　　そのためにとられたのが、「**金・ドル本位制**」に基づく固定相場制である。

【ブレトン・ウッズ体制の固定相場制】
　金1オンス（約28.35g）と35ドルを交換可能とし、これに対して各国通貨を固定するという固定相場制。

●ブレトン・ウッズ体制の変容と崩壊‥‥‥‥‥‥‥‥‥‥‥‥‥‥‥‥‥‥‥‥‥【★★★】

　第二次世界大戦後、冷戦体制が固定化する中で、GATT やブレトン・ウッズ体制の下、西側諸国は戦後復興から経済成長へと発展を遂げた。これはアメリカ経済の安定と繁栄に支えられたものであったが、1960 年代になってアメリカは、その圧倒的な経済的競争力を徐々に低下させた。**欧州や日本の経済復興**が、アメリカ経済の国際競争力を相対的に低下させたことに加え、1956 年以降のベトナム戦争における北爆以降の戦費の増大が国際収支の悪化を招いたことがその主たる要因である。これらによって**ドル不安が生じ、ドル売りが加速する**という事態を受けて、1971 年にニクソン大統領が新しい経済政策を発表したことが、ブレトン・ウッズ体制の崩壊の引き金となっていく。

1971 年 8 月	**ニクソン・ショック（金とドルの交換停止を宣言）** →主要通貨は変動相場制へ移行し、短期的な乱高下を招く
1971 年12月	**スミソニアン体制**→固定相場に復帰（金 1 オンス =38 ドル　1 ドル = 308 円に）
1973 年 2 月	ドル不安再発→再び変動相場制へ
1976 年 1 月	**キングストン体制（正式に変動相場制へ）**
1985 年 9 月	**プラザ合意**（先進 5 カ国蔵相・中央銀行総裁会議（G5）で成立） アメリカの貿易赤字縮小のため、各国の協調介入によるドル高是正 →急激なドル安：1 ドル 240 円から 150 円台に　※ G5 ＝米英仏日独
1987 年 2 月	**ルーブル合意**（ドル安の是正が目的、G7 による協調介入）→成功せず ※ G7=G5+ カナダ、イタリア
1987 年10月	ブラックマンデー：ニューヨーク株式市場の株価大暴落

知識を広げる

固定相場制と変動相場制

　固定相場制は、各国通貨の交換比率を原則として一定に維持する制度であるために各国の通貨当局はドル売りやドル買いの介入を行う義務があった。一方、変動相場制は、各国為替市場の需給関係によってレートが決定される制度である。したがって各国通貨当局には介入の義務がない。逆に国際協調によって、為替相場の安定をはかっていく必要がある。

A44 正解－3

1 －誤　レーガン政権期のできごとではなく、ニクソン政権期のことである。

2 －誤　海外米軍基地費用の一部負担は、レーガン政権期より課せられることとなった。また、沖縄の米軍基地は、第二次世界大戦末期から設営されている。

3 －正　記述のとおり、現在も、ドルが世界の基軸通貨であることに変わりはない。

4 －誤　プラザ合意などによる協調介入からも明らかなように、固定相場制から変動相場制への移行は、必ずしも貿易収支の不均衡の回復をもたらすものではなかった。

5 －誤　日欧の戦後復興・経済成長にともない、アメリカ・ドルの力が低下したことがブレトン・ウッズ体制崩壊の原因である。

Q45 国際経済体制

問 国際経済体制に関する次の記述のうち、妥当なものはどれか。 （国家一般）

1 自由貿易の思想は、18世紀半ば、イギリスのA.スミスによって理論づけられた。当時のイギリスは、産業革命を背景として工業製品の輸出市場を海外に求めていた一方で、農業については国内生産保護措置を講じていたが、彼の提言を受け入れて、即座に穀物法を廃止した。

2 ガット＝ブレトン・ウッズ体制は、第二次世界大戦後の自由貿易体制を支えてきたシステムであるが、実際は当初から先進国と開発途上国の対立に悩まされ、また、欧州と日本の復興が実現した1960年代以降は、先進国間の貿易摩擦に有効に対処しえず、戦後の世界貿易の発展にあまり寄与できなかった。

3 1986年から始まったガット・ウルグアイラウンドは、1994年に至りようやく最終的な合意をみた。具体的内容については、農産物の自由化や市場アクセスの大幅な改革などが盛り込まれたが、知的所有権やサービス貿易などの新しい枠組み協定は、開発途上国の強硬な反対もあり、制度化が見送られた。

4 APECは、1989年にオーストラリアのホーク首相の提唱で設立された地域協力システムである。この組織は、排他的な色彩の強い地域経済ブロックが多いなかで、開かれた地域主義を標榜しているのが大きな特色となっており、自由貿易の牽引車としての役割が期待されている。

5 1992年のマーストリヒト条約の調印で、ヨーロッパは市場統合にとどまらず、最終目標ともいうべき政治・通貨統合においても大きな一歩を踏み出した。しかし、有力加盟国であるイギリスやフランスにおいて、条約の批准が議会で否決されるなど、同条約はいまだ発効の見通しが立っていない。

PointCheck

● GATTにおける各ラウンド ···【★★★】

GATTでは、創設以来、多角主義に基づき、自由貿易推進のための多角的貿易交渉（ラウンド）が計8回開催されたが、主要ラウンドと呼ばれるのは以下の3つである。

(1)ケネディ・ラウンド（1964～67年）

ケネディ大統領が、関税引下げのために提案したことにより開始されたラウンドである。従来の二国間交渉から一括関税引下げ方式が採用され、工業製品の関税引下げに関して大きな成果をあげた。一方、非関税障壁については目立った成果はなかった。

(2)東京・ラウンド（1973～79年）

東京ラウンドにおける主要な争点は、農産物の輸入自由化と非関税障壁の撤廃である。世界で最も農業生産性が高いアメリカは、農産物の輸入自由化を推進することで、GATTの基本理念を追求できかつ国内の農業権益を増加させることができると考えたのである。また、

非関税障壁の撤廃についても本格的に討議され、一定の合意がなされた。

⑶ウルグアイ・ラウンド（1986 〜 94 年）

　GATT での最終ラウンドとなったウルグアイ・ラウンドには、従来の多角的貿易交渉とは異なる特徴があった。従来の合意は「モノ中心の貿易」に関する合意であり、経済のグローバル化、急激な技術革新、サービス産業の進展などに対応した合意ではなかった。しかし、ウルグアイ・ラウンドでは、**サービス貿易、知的所有権、貿易関連投資などが新しい交渉の議題として取り上げられ、農業貿易の本格的な交渉が開始された**。しかしながら、最大の争点である農業貿易に関しては、アメリカが輸出補助金のカットや国内の農業保護措置の撤廃などの強い主張を行い、日本はコメの輸入自由化を、EC は域内農業保護の削減をそれぞれ迫られた。これらの難しいテーマが取り上げられたウルグアイ・ラウンドでの交渉は難航したが、最終的には**マラケシュ宣言で合意に達し**、1994 年には合意文書が調印された。同時に **WTO 設立協定も調印され、その成果は WTO に引き継がれた**。

【ケネディ・ラウンド】　　　【東京・ラウンド】　　　【ウルグアイ・ラウンド】
一括関税引下げ方式　　　　非関税障壁の撤廃　　　　サービス貿易・知的所有権
工業製品の関税引下げ　→　農産物の輸入自由化　→　貿易関連投資・農業貿易

マラケシュ宣言→ WTO 発足（1995 年）

知識を広げる

非関税障壁
　非関税障壁とは、関税以外で自由貿易を阻害しているさまざまな要因のことで、例えば、検疫制度や商慣行、税制、流通制度などがこれにあたる。

A45 正解ー4

1 －誤　自由貿易の思想に大きく寄与したのは、19 世紀初期の古典派経済学者 D. リカードの比較優位説で、工業製品の輸出市場拡大の要請に合致するものだった。他方で、国内農業保護についてイギリスは保守的で、穀物法が廃止されるのは 1846 年である。

2 －誤　ガット＝ブレトン・ウッズ体制が戦後の国際貿易の発展に果たした役割は大きい。

3 －誤　GATT のウルグアイ・ラウンドでは、「サービス貿易に関する新しい枠組み協定（GATS）」も締結された。

4 －正　APEC（アジア太平洋経済協力）は、排他的ではない経済協力組織として、「開かれた地域主義」と自ら定義する（**Q24** 参照）。

5 －誤　マーストリヒト条約はすべての加盟国の批准により発効し、欧州連合（EU）が設立された（**Q21** 参照）。

Q46 国際経済

問 国際経済に関する次の記述のうち、妥当なものはどれか。 (国家一般)

1 GATT の多国間交渉では、工業製品における自由化を達成した東京ラウンドを受けて、ウルグアイ・ラウンドにおいては、いわゆる非関税障壁問題と農産物の自由化を初めて議題とするに至った。

2 1991 年 12 月の EC の首脳会議において、マーストリヒト条約が合意されたが、これは、従来の欧州共同市場に加え、欧州中央銀行の設立、欧州共通貨幣の採用といった欧州の制度的改革を伴う内容となった。

3 1960 年代における自由貿易が石油危機以後の世界的不況により保護貿易に傾斜すると、貿易依存度の高い各国では、多国籍企業の収益は急速に悪化することになった。

4 南北問題の解決にとって最大の障壁となっているのは、いわゆる新植民地主義である、との判断に基づき、第三世界諸国と世界銀行は新国際経済秩序の制度化を進め、1 次産品の価格安定に相当の効果をあげた。

5 2 次にわたる石油危機の結果、OPEC 諸国による石油戦略は、OPEC 以外の国により進められていた北海やシベリアでの油田開発に打撃を与え、オイル・マネーが世界を席巻することになった。

PointCheck

● IMF（国際通貨基金）と IBRD（国際復興開発銀行）の活動 ……………………【★★★】

IMF と IBRD はいずれも、1944 年のブレトン・ウッズ協定によって設立が決定した国際機関であり、戦後の国際経済体制の柱として貢献してきた。その活動内容について、違いを確認しておこう。

(1) IMF（1947 年発足）

IMF の目的は、国家間の通貨協力を促進し、国際貿易の拡大と均衡に貢献することである。このために、IMF は加盟国に為替の安定と為替の自由を義務づけており、また、加盟国の国際収支が一時的に不均衡になった際には、短期資金を IMF の共同為替基金から借り入れることができる。

①**為替レートの安定**：アメリカ・ドルを基軸通貨とする固定相場制の採用

②**為替の自由化**：加盟国に為替管理の撤廃が義務づけられており、経常的国際取引のための支払いについて為替制限を課してはならない。この義務を履行している国を IMF 8 条国という。日本は 1964 年に IMF 8 条国となった。

③**短期資金の供与**：国際収支が一時的に不均衡になった際には、加盟国は IMF の共同為替基金から、短期資金を借り入れることができる。資金借入れの際には、IMF は加盟国に「IMF コンディショナリティ」と呼ばれる条件を課すが、これは資金受入れ国に、構造改革を伴う厳しい緊縮政策を求めるものとなっている。なお、**加盟国は共同為替資**

金として一定の割当額を IMF に出資しているが、この額により、IMF における投票権が決まるという特徴がある。

(2) IBRD（1946 年発足）

IBRD（国際復興開発銀行）は、**世界銀行**と呼ばれている。日本は 1952 年に加盟した。組織名のとおり、戦後の復興に資金供与を行うことを目的として設立された。IMF が短期的な資金を供与するのに対し、IBRD は**長期資金を融資**する。しかし、復興が進むにつれて、**世界銀行の目的は、開発途上国への開発援助・資金融資へと変化**する。今日では、1956 年に設立された国際金融公社（IFC）、1960 年に設立された国際開発協会（IDA）とあわせて**世界銀行グループ**と呼ばれ、途上国の開発援助のために活動を行う主要機関となっている。

● EU における通貨統合の経緯　　繰り返し確認 ……………………………【★★☆】

EU については、第 2 章で解説したが、ここでは、通貨統合に至る経緯について確認する。

1969 年　ルクセンブルク首相ウェルナーを議長とする経済通貨同盟（EMU）設立委員会
　　　　→**ウェルナー報告**（＝ 3 段階を経て EMU を実現）
　　　　→ニクソン・ショック（1971 年）、石油危機（1973 年）により挫折
1978 年　欧州通貨制度（EMS）設置計画を欧州理事会が承認
1979 年　EMS 発足（イギリスは不参加）
1988 年　ドロール EC 委員長を議長とする経済通貨統合のための特別委員会
　　　　→単一通貨導入に向けた取組み（**ドロール・プラン**）が具体的にスタート
1990 年　経済通貨統合開始
1993 年　**マーストリヒト条約発効**（経済通貨統合に関する規定が加えられる）
1998 年　ドロール・プランに基づき ECB（欧州中央銀行）発足
1999 年　**単一通貨ユーロ発行**（イギリス、スウェーデン、デンマークは不参加）
2002 年　ユーロ紙幣・硬貨の流通開始

A46 　正解ー 2

1 －誤　GATT の多角的貿易交渉のうち、工業製品における自由化を達成したのはケネディ・ラウンドであり、また、非関税障壁と農産物の自由化については、東京ラウンドにおいて議題とされている（**Q45** 参照）。
2 －正　マーストリヒト条約によって EU が発足したことで、ヨーロッパは共通通貨の導入実現に向けた統合の深化を遂げることになった。
3 －誤　石油危機は第四次中東戦争が勃発した 1973 年に起こった。
4 －誤　新国際経済秩序は、先進国と途上国の見解の相違により制度化は進展していない（**Q49** 参照）。
5 －誤　むしろ北海やシベリアでの油田開発は盛んになった。

Q47 南北問題

問 南北問題に関する次の記述のうち、妥当なものはどれか。 (国家一般)

1 先進工業国と開発途上国との貧富の格差の解消は、現代国際政治でも最大の課題である。この南北格差を是正する目的から 1961 年に結成されたのが非同盟諸国会議であり、旧植民地諸国が結集した経済援助を要求する場となってきた。

2 ケネディ大統領の「国連開発の 10 年」提案に基づいて、開発途上国の経済開発のために設けられた機関が、世界銀行である。世界銀行の開発援助委員会においては、開発途上国への経済援助などを進めるための基準や行動計画の立案が行われている。

3 1973 年に第四次中東戦争が勃発すると、アラブ産油国は原油減産とイスラエル支持国への石油禁輸を強行し、第一次石油危機を招いた。これと並行して、資源ナショナリズム、すなわち天然資源に対する国家主権の主張が、開発途上国の要求として広がった。

4 外資への依存度の高いラテンアメリカ諸国をはじめとする開発途上国では、第二次石油危機の後、累積債務危機が表面化した。他方、外資への依存度が低く、内需主体の工業化を進めた東・東南アジア諸国では、累積債務が軽く、経済成長がいまもなお続いている。

5 南北格差の原因は、開発途上国の政府の経済運営にも求められる。特に、植民地時代以来、国家による経済統制が弱く、為替・物価管理が緩いために工業化が遅れたとの反省から、世界銀行による通貨・貿易統制の強化が図られた。

PointCheck

●南北問題とは･･【★★☆】

南北問題とは、**豊かな北の先進国と貧しい南の発展途上国との経済的格差**をめぐって起こる対立や協調を指して使われる用語であり、国際関係論においては、**国際経済開発問題**とも呼ばれる。南北問題という用語は、1959 年にイギリスのロイド銀行頭取オリバー・フランクスが、冷戦期の東西対立になぞらえて、先進国と途上国との関係を「南北問題」と呼んだことにある。

●南北問題への取組みの歴史～初期から中期～･･････････････････････････････････････【★★★】

戦後、欧米や日本の植民地とされていたアジアやアフリカの多くの地域が独立し、新しい国家が誕生した。しかし、これらの国家には健全な産業が育成されておらず、経済開発は思うように進展しなかった。このような背景の下、先進国との経済格差を是正するために、途上国の経済的自立の必要性が国際社会に意識されるようになった。

　　1945 年　第二次世界大戦終結→植民地独立の動き＝「発展途上国」の登場
　　1960 年　**「アフリカの年」**：独立後、16 カ国が国連に加盟
　　　　　　　→大半が旧フランス領…植民地主義の終焉
　　　　　　　国連総会で「植民地独立附与宣言」採択（賛成 89、反対 0、棄権 9）

1961 年　ケネディが「国連開発の 10 年」提唱　（第 1 次〜第 4 次まで設置）
　　　　　国連加盟国数 104（原加盟国 51）→新興独立国が半数を占める
1964 年　UNCTAD（国連貿易開発会議）開催→常設化（南北問題議論の中心）
　　　　　→途上国による G 77（77 カ国グループ）が誕生
1965 年　UNDP（国連開発計画）発足
　　・国連における開発活動の中核的組織（国連総会の補助機関）
　　・1990 年より、『人間開発報告書』を発行、1994 年版では「人間の安全保障」を提唱
『人間開発報告書』では、GDP などの経済的要素に加え、識字率・平均寿命などの経済的
要素以外も含めた人間開発指数（HDI）という指標で途上国の開発や発展を評価する。

知識を広げる

国連開発の 10 年

　1961 年にアメリカのケネディ大統領は、国連総会に出席して、国連が発展途上国の問題
に本格的に取り組むことを訴え、**発展途上国の経済成長率は年 5 ％を目標とするなどの「第
一次国連開発の 10 年」（1960 年代）**を提案した。この時期、途上国の実質経済成長率
は 5.6 ％となったが、先進国における経済成長もめざましく、結果としては南北格差は拡
大し、「挫折の 10 年」と呼ばれた。その後、1970 〜 90 年代まで、計 4 次の「国連開発の
10 年」が設定されたが、思うように進まず、南北格差の是正や開発といった課題は、2000
年の国連ミレニアムサミットにおける **MDGs（ミレニアム開発目標）**、さらに 2015 年採択
の **SDGs（持続可能な開発目標）**に受け継がれていくこととなった。

A47　正解ー3

1 －誤　非同盟諸国首脳会議は、東西いずれの陣営にも属さないという非同盟主義諸国
　　　　による会議である。途上国への経済援助を求める場ではない（**Q49** 参照）。
2 －誤　世界銀行（IBRD）はブレトン・ウッズ協定に基づいて設立された組織で、「国
　　　　連開発の 10 年」とは関係がない。また、開発援助委員会（DAC）は OECD（経
　　　　済協力開発機構）の下部組織である（**Q55** 参照）。
3 －正　石油危機と資源ナショナリズムに関する妥当な記述である（**Q49** 参照）。
4 －誤　確かに、1980 年代において、アジア諸国による経済成長の達成がみられたが、
　　　　これは内需主体の工業化（輸入代替工業化）ではなく、輸出志向の工業化によ
　　　　るものである（**Q51** 参照）。
5 －誤　開発途上国では、軍部などの特権階級が国家の統制的な経済運営を行っている
　　　　場合があり、これが非効率であるために発展が阻害されるケースがよくある。

Q48 南北問題の歴史

問 南北問題に関する次の記述のうち、妥当なものはどれか。 （国家一般）

1　開発途上諸国に不利な仕組みであるとされる既存の国際システムのなかで高度経済成長を達成した代表例として、韓国・台湾・香港およびシンガポールがあげられる。これらの地域は、いずれも儒教文化圏に属し、国民間の所得格差が比較的小さいという事実が共通している。

2　1970 年代には南北格差・南南格差が拡大したが、1980 年代の息の長い経済拡大によって南北格差は縮小した。しかしながら、南の諸国間の格差である南南格差はむしろ拡大する傾向にあり、この格差是正問題が今後の課題であるとされる。

3　1 次産品の価格の乱高下を防ぐため、生産国と消費国の双方が集まって価格変動の基準や需給調整を行う協定を、国際商品協定とよんでいる。1975 年以降 5 年ごとに更新され、1990 年末に第四次協定が発足したいわゆるロメ協定によって、一次産品の価格の安定化に成功した。

4　第三次国連開発の 10 年で採択された新国際開発戦略では、先進国（供与国）から開発途上国または国際機関に対する政府開発援助を GNP の 1.0％とする目標が設定された。わが国も、1990 年にはようやくこの水準を達成することができた。

5　開発途上国の累積債務は、開発途上国の経済発展を困難にし、また、国際金融不安を招く原因にもなっている。1989 年秋、ブレイディ提案に基づく新債務戦略が採択され、民間銀行を主体とする債務繰延べ・債務転換・新規資金流入が図られた。この措置によって、後発開発途上国の累積債務は大幅に減少することになった。

PointCheck

●南北問題への取組みの歴史～中期から現代～‥‥‥‥‥‥‥‥‥‥‥‥‥‥‥‥【★★★】

　1970 年代は、経済成長率は年 6 ％を目標とし、ODA（政府開発援助）は GNP の 0.7％を目標とするなどの「第二次国連計画の 10 年」計画が採択された。この時代は、1971 年にニクソン・ショック、1973 年に第一次オイル・ショックが起こり、国際経済が不安定化し、また NIEO（新国際経済秩序）をめぐり、南北対立が深刻化した時代であった。

　1973 年 10 月　**第一次石油危機←第四次中東戦争が契機**
　　　　　　　　　資源ナショナリズムの発動（天然資源の国有化）
　　　　　　　　　アラブ諸国はイスラエルを支持する諸国に石油禁輸措置をとることを発表。中東地域からの石油に頼った経済構造を持っていた先進国はイスラエルへの支援をやめざるをえない状況になった。

| アメリカ ヨーロッパ 日本 | →支援→ | イスラエル | ←対立→ | アラブ諸国 |

石油禁輸措置

1974 年　国連資源特別総会→**新国際経済秩序（NIEO）樹立宣言**
1975 年　第 1 回サミット…先進諸国が経済問題について協議
　　　　　アメリカ、イギリス、フランス、西ドイツ、日本、イタリアの首脳が参加
　　　　　→翌年からカナダ、77 年から EC 委員長が参加
　　　　　→南南間の分極化も進む＝「**南南問題**」

【NIEs（新興工業経済地域）】
　先進工業国と開発途上国の中間に位置する国家または地域を指し、具体的には香港、台湾、韓国、シンガポール、ブラジル、メキシコなどが含まれる
→世界銀行の「**東アジアの奇跡**」、南の中での経済格差拡大

1976 年　UNCTAD 第 4 回総会開催
　　　　　「**一次産品総合計画**」採択
　　　　　→18 種類の一次産品の需給・価格を安定させるため、国際緩衝在庫と共通基金を創設
1982 年　メキシコの返済停止（モラトリアム）宣言→**累積債務問題**の登場

A48　正解― 1

1 －正　韓国、台湾、香港、シンガポールなどのアジア諸国は、めざましい経済発展を遂げ、「東アジアの奇跡」といわれた。また、これらの新興諸国をまとめて、NIEs（新興工業経済地域）と呼ぶ。これらの国々の精神的背景としての儒教文化を指摘する見解も多い。
2 －誤　国連開発の 10 年が 1960 年代よりスタートし、南北問題解決に向けた国際的な取組みが行われるようになったが、南北の格差は拡大傾向にある。また、1980 年代は累積債務問題などにより、格差が拡大した時期であった。途上国の間でも、資源国とそうでない国、経済発展を順調に達成できている国とそうでない国との南南格差が拡大する傾向にあるという点は記述のとおりである。
3 －誤　ロメ協定は、EU と ACP 諸国（アフリカ、カリブ海、太平洋の旧植民地）とが締結した包括的な経済援助・協力のための協定。一次産品の価格安定化に関して、UNCTAD で採択されたのは、「一次産品総合計画」である。
4 －誤　ODA の国際目標は第二次国連開発の 10 年において、GNP 比 0.7％とされた。
5 －誤　ブレイディ提案は、従来のベーカー提案での債務繰延べ・新規資金流入ではなく、元本・利子の削減を行うものである（**Q50** 参照）。

Q49 新国際経済秩序

問 「新国際経済秩序」（New International Economic Order）の説明として、妥当な
ものは次のうちどれか。 (地方上級)

1 「新国際経済秩序」の原型は、1938年の近衛内閣声明のいう日満華の「東亜新秩序」
　構想であり、1940年にはこれに東南アジアが含められ、英米中心の国際秩序に対する「新
　国際経済秩序」が宣言され、俗に「大東亜共栄圏」構想とよばれた。

2 「新国際経済秩序」とは、めざましい経済発展を遂げているアジアNIEsが、先進国と
　の間の貿易摩擦を回避するために1990年に提唱した対応策であり、アジアNIEs内の関
　税撤廃によってつくり出された自由貿易圏のことである。

3 「新国際経済秩序」とは、ソ連崩壊後の激しい変動に直面している東欧圏に政治的安定
　をもたらすため、アメリカを含む先進各国が1993年に軍事的介入とともに経済援助を行
　うことで合意したジュネーブ決議の理念を意味する。

4 「新国際経済秩序」とは、中国への返還を控えて活発な企業活動が展開される香港で、
　1992年に国際貿易会議が開催された際、その決議文に示された理念で、広大な中国市場
　の開拓をめぐる過当競争の緩和を提唱している。

5 「新国際経済秩序」とは、石油ショックを機に、天然資源のカルテルを通して先進国に
　対する大きな潜在的政治力をもっていることを認識した開発途上国が、1974年の国連宣
　言でうたった理念、国際経済における途上国の役割の増大を意味する。

PointCheck

◉新国際経済秩序（NIEO） ･･【★★☆】
　1974年、国連資源特別総会において、新国際経済秩序（NIEO）樹立宣言が採択された。
これは、**資源ナショナリズムと主権の平等を基礎とし、国家の主権平等、天然資源とすべて
の経済活動に対する恒久主権、多国籍企業活動の規制、国際通貨体制の制度改革、迅速な技
術移転を内容としたもの**であり、従来のIMF-GATT体制とは異なる、**南の途上国も平等に
国際経済に参加し発展を追求できるような新しい経済体制**を目指すものであった。背景には、
政治的独立は達成できても、経済的自立が達成できない新植民地主義に対する批判があった
のである。NIEOの主張は、当初、非同盟主義諸国首脳会議においてなされた。

【非同盟主義諸国首脳会議の歴史とNIEOの経緯】

1953年	インド首相のネルーが非同盟主義を提唱
1960年	「アフリカの年」→国連総会で「植民地独立附与宣言」採択
1961年	第1回非同盟諸国首脳会議（25カ国が参加）
1962年	国連総会にて天然資源に対する恒久主権決議
1973年	第4回非同盟諸国首脳会議…資源国有化権、NIEO樹立を主張
1974年4月	国連資源特別総会→NIEO樹立宣言

1974 年 12 月　国連通常総会→「国家間の経済的権利義務憲章」採択（米英や西ドイツ
　　　　　　　　など反対 6 カ国、日本など棄権 10 カ国）

●非同盟主義諸国首脳会議　理解を深める ……………………………………【★★☆】
　新興独立諸国が多く誕生した第二次大戦後は、東西冷戦の真っ最中であったが、**西側（第一世界）にも東側（第二世界）にも属さず、新たな立場の勢力（第三世界）として大国の影響を受けずに自国の独立を維持していこうとする考え方**が誕生した（新興独立諸国を第三世界と呼ぶのはここに由来）。それが非同盟主義である。非同盟主義を標榜する諸国は、ユーゴのチトー大統領、インドのネルー首相、エジプトのナセル大統領らの呼び掛けによって、1961 年に第 1 回非同盟諸国首脳会議を開催し、その後も非同盟の原則の確認とともに、新興独立国の立場と利益を主張した。特に、1970 年代以降は、途上国の経済開発が課題となり、NIEO の主張が繰り広げられることとなった。

知識を広げる

資源ナショナリズム
　発展途上国は、自国の経済的自立のために、自国資源に対する権利を先進国の手から自分たちの手に取り戻すことが必要であると考えた。1962 年には、国連の第 17 回総会で「天然資源に関する恒久主権」宣言が採択されたが、途上国側も、自国資源の防衛のために石油輸出国機構（OPEC）や原油生産国同盟を結成し、原油価格の引上げや国有化を行った。このような動きや思想を資源ナショナリズムと呼ぶ。**第四次中東戦争でのイスラエル支持国に対する石油禁輸措置は、資源ナショナリズムの発動として顕著である**。これが成功したことにより、途上国はより天然資源を国有化しようとする動きを加速することとなった。

●アジアインフラ投資銀行（AIIB）……………………………………………【★☆☆】
　APEC で中国が提唱した、アジア太平洋地域のインフラ整備支援のための国際金融機関。57 カ国を創設メンバー国（G7 では英独仏伊が参加）として 2015 年に発足。日米主導のアジア開発銀行 (ADB) を代替・補完する形で増大する資金ニーズに応えることを目的とするが、既存の国際金融秩序に不満を持つ中国の影響力強化の意図もあるとされる。

A49　正解ー5

　新国際経済秩序（NIEO）とは、1974 年の国連資源特別総会において、発展途上国によって樹立が提唱され、宣言が採択された、国際政治経済の構造そのものを国際協力を通じて、より公正で平等なものへと変革しようとする試みである。しかしながら国連では採択されたものの、先進国がこの内容に反発し、その後、NIEO 樹立に関して具体的に国家間の義務を定めた「諸国家の経済権利義務憲章」では、先進国が反対または棄権するなど、南北間の対立は高まることとなり、両者の対話は次第に低調になっていき、NIEO は具体化することはなかった。

Q50 開発

問 開発に関する次の記述のうち、妥当なものはどれか。 （国家一般）

1　通常世界銀行とよばれる国際復興開発銀行は、第一次世界大戦後の被災国の経済復興を図るために、国際通貨基金（IMF）とともに国際連盟の下部組織として設立された。したがって、当初その業務は、賠償問題に苦しむドイツの経済復興に重点が置かれていたが、次第に途上国に対する開発援助にその活動は広がっていった。世界銀行の本部は現在でもジュネーブに置かれている。

2　1961年の国連総会では、1960年代を「国連開発の10年」と名づけて、発展途上国の経済成長率を年5％に引き上げるため、すべての国連加盟国が協力すべきである、という提案が発展途上国側からなされた。しかしながら、安全保障政策を重視する米ソ両国の関心は鈍く、ことにケネディ大統領は、この提案に強い反対を示した。

3　1960年代後半以降、発展途上国では、次々に軍事クーデターなどにより強権的政治体制が樹立された。これらの体制は、単に反共産主義を掲げただけではなく、権威主義的支配を「開発主義」によって正当化した点に特色があった。このような「開発独裁」の例としては、フィリピンのマルコス体制やインドネシアのスハルト体制などが挙げられる。

4　1970年代に入ると、経済成長政策が次第に軌道に乗り始めたアジア諸国を中心に、「新国際経済秩序」が提唱された。これは、市場経済の重要性を確認しつつ、途上国に外国籍企業を積極的に誘致することで資源開発を行い、途上国の経済成長を促そうとしたものであった。

5　1980年代に入ると、IMFや世界銀行においては、途上国の累積債務危機を背景に、「構造調整」という考え方が強まった。これは、不況にあえぐ途上国に対して、巨額の長期貸出しを行い、途上国政府の公共支出を大幅に増やすことで、経済成長を妨げる原因になっている社会構造そのものを改造しようという構想である。

PointCheck

●累積債務問題 【★★☆】

　累積債務問題は、**1982年のメキシコの債務返済停止（モラトリアム）宣言をきっかけにして、ラテンアメリカなどを中心に顕在化した経済問題**である。これらの債務国は、民間資金を大規模に取り入れて経済発展を目指そうと試み、また欧米を中心とする民間銀行も、石油危機によるオイルマネーの運用のために積極的に借り手を求めていた。両者の思惑が一致したことにより、過大な借入が途上国によってなされたが、担保としていた一次産品の国際市場価格が低下したことなどにより回収が困難となり、国際金融システムの破綻につながる国際社会全体の大問題となった。結局、**アメリカ政府を中心とした公的な関与により、事態は1990年代初めまでには一応の収拾に成功**した。

【累積債務問題に対する方策】

ベーカー提案（1985 年）と**ブレイディ提案**（1989 年）→民間債務の元本削減の是非

- ベーカー提案：×（その代わり、利息支払いのための新規融資拡大）
- ブレイディ提案：○→元本削減により、事態は収束へ向かう

知識を広げる

オイルマネー

オイルマネーとは、**1970 年代の石油価格急上昇によって産油国が得た多額の石油代金**を指す。巨額の石油代金を受け取った産油国は、人口も少ないことからその代金を使い切ることはできず、国際的に投資することが必要となり、その投資先として、欧米の金融機関に多くのオイルマネーが流れ込むこととなった。

●アジア通貨危機、チェンマイ・イニシアティブ……………………………【★★★】

1997 年 7 月、**タイ通貨のバーツが暴落したことに端を発したアジア通貨危機は、急速にアジア全域に波及し、年末までにはインドネシアと韓国も IMF に支援を要請する事態となっ**た。また翌年には通貨危機はロシアや南米にも波及した。アジアの経済発展が伝えられていた世界では、欧米を中心にアジア経済の腐敗を原因としてあげ、IMF を介しての厳しい構造調整を強硬に迫った。一方、日本は迅速に行動を起こし、巨額の資金援助でアジア諸国を助けるとともに、**1997 年にはアジア通貨基金（AMF）を提案**し、地域的な金融支援の枠組みを作ろうとした。しかし、AMF はアメリカの反発により実現しなかった。アジア地域ではこの通貨危機により地域経済協力の強化への意欲が高まり、2005 年 5 月の ASEAN ＋3 蔵相会議で、**複数の 2 国間外貨融通協定のネットワークを構築することを内容とするチェンマイ・イニシアティブが合意**された。なお、通貨危機によりインドネシアでは、政府の対応の悪さから長期独裁体制にあったスハルト大統領が失脚するという事態も生じた。

A50 正解－3

1－誤　世界銀行（IBRD）と IMF（国際通貨基金）はともに、1944 年に調印されたブレトン・ウッズ協定により設立が決定した組織であり、国際連盟の下部組織として設立されたわけではない（**Q44** 参照）。

2－誤　国連開発の 10 年の提唱者がケネディ大統領であるため、本肢は誤りであるが、前半の国連開発の 10 年の内容に関する記述は妥当である。

3－正　インドネシアのスハルト体制やフィリピンのマルコス体制などが代表とされる開発独裁に関する妥当な記述である（**Q51** 参照）。

4－誤　NIEO は、資源国有化を主張していた。また、その中心はアジア諸国でなく中東諸国である（**Q49** 参照）。

5－誤　IMF や世界銀行は構造調整プログラムで、途上国政府の支出削減・管理統制撤廃を求めた。

Q51 発展途上国

🔲 **問** 発展途上国に関する次の記述のうち、妥当なものはどれか。 （国家一般）

1 1960年代頃から「第三世界」という言葉が使用されるようになった。これは、国家を経済力や軍事力などを総合した国力を尺度に分類し、米ソ中英仏の五大国を第一世界、欧州のほとんどの国や日本、トルコ、インド、南アフリカ共和国、ブラジルなどある程度発展している国を第二世界、それ以外の発展途上国を第三世界とするものであった。

2 アフリカなどの発展途上国のほとんどは、かつて西欧諸国の植民地であったが、第二次世界大戦終了後から1950年代前半に独立を達成した。これらの国々は、経済発展を優先したため、かつての宗主国である西欧諸国やアメリカ合衆国との関係を重視し、1955年に行われたバンドン会議において非同盟主義を批判した。

3 中東地域の産油国は、独立とともに油田を国有化し石油輸出によって経済的に潤うことができた。しかし、これら産油国は、第一次石油危機が起こると、国際石油資本（石油メジャーズ）に油田の所有権を譲渡せざるをえなくなった。産油国において、現在これを取り戻す運動が起きており、これを資源ナショナリズムという。

4 1980年代以降、韓国に代表されるアジアNIEs諸国が経済発展に成果を挙げる一方で、アフリカなどの発展途上国の一部は貧困化が更に進んだ。最貧国といわれる国々では、開発に伴う社会や生態系の破壊が生じ、環境問題や難民問題が深刻化した。こうした状況を背景に、「持続可能な開発」や「社会開発」といった概念が注目されるようになった。

5 発展途上国の多い地域では「南南協力」を目的とした国家連合構想が推進されたが、それが成功しているとはいえない。例えば、アフリカ統一機構（OAU）に代わるアフリカ連合（AU）が構想されたものの各国の利害が一致せずに断念され、南米においても南米南部共同市場（MERCOSUR）が創設されたが、地域大国であるブラジルとアルゼンチンが加盟しなかった。

PointCheck

◉南南問題 ･･･【★★☆】

1980年代から発展途上国の間でも、富裕国と貧困国の経済的格差による対立が顕著となった。1970年代は石油産油国、NIEs（新興工業経済地域）、1980年代には、中国、東南アジア諸国がそれぞれ急速な経済発展を始めた。これらの諸国以外の、**資源も持たず、経済発展に取り残された諸国を後発発展途上国**と呼ぶ。しかし、経済発展を遂げた諸国にも、国内における貧富の格差や地域格差の問題は今後の課題として残されている。

◉途上国における経済開発体制 ･･【★★☆】
(1)輸入代替工業化
輸入代替工業化とは、関税や数量制限などによって国際競争から自国市場を保護すること

で、国内の工業品生産を促進し、工業化を達成することであり、保護主義に基づく。短期的には成功する確率が高いが、長期的に用いられると非効率な生産様式が固定化し、産業の脆弱化を招く。第二次大戦後はラテンアメリカ諸国で多く採用されたが、思ったような成果はあがらず、累積債務問題で行き詰まりをみせることとなった。

⑵輸出志向工業化

輸出志向工業化は、工業製品の輸出を促進させることによって工業化を達成することであり、保護主義の削減に基づく。輸出志向工業化戦略では、国内生産者は国際競争圧力にさらされることにより、合理化、効率化を強制される。さらに、海外市場で販売することにより、国際競争力が強化され、輸出の拡大が実現すれば外貨収入の増大につながり、経済発展に必要な資本財や技術の輸入が可能になる。多くのNIEs諸国が、これらの戦略をとっていたために注目されるようになり、ASEAN諸国をはじめとする多くの国々で輸入代替工業化戦略から輸出志向工業化戦略への転換がなされるようになった。

⑶開発独裁体制

新興独立国が経済成長を実現させるためには、少数のエリートによって統制的な経済政策により大衆を動員していくシステムの方が効率的であるとして、独裁体制を正当化する考え方を指す。韓国の朴正煕政権、インドネシアのスハルト政権など。

●発展途上国におけるガバナンスと開発…………………………………………【★★☆】

世界銀行が冷戦終結直前の報告書で提示したことにより、途上国に対するODAや国際機関による開発援助において、今日重視されるようになったのがガバナンスと呼ばれる理念である。ガバナンスとは、「統治・管理」などと訳され、開発におけるガバナンスとは、**開発援助と人権・民主化をセットにし、ODAや世界銀行・IMFによる援助プログラムが現実に効果をあげるためには、援助を受ける側にそれを実現させる能力がなければならず、また、開発援助は人権・民主化に寄与するものでなくてはならないとする考え方**である。従来、国際金融組織は「非政治的考慮の原則」（融資の際には借入国の政治的要因を考慮してはならない）が定められていたが、今日ではガバナンスが考慮されるようになっている。

A51 正解—4

1 −誤　第三世界とは、冷戦期に米ソどちらの陣営にも属さない第三の勢力という意味である（**Q49**参照）。

2 −誤　かつて欧米の植民地であった地域の国々は、第二次大戦後独立を成し遂げたが、その中でもアフリカは比較的遅く、1960年に多くの国が独立した。また、これらの国の中には反植民地主義および非同盟主義を掲げていた国も多い。

3 −誤　資源ナショナリズムは、先進国や外国資本に対抗し、自国資源に対する権利を主張する思想や運動である（**Q49**参照）。

4 −正　1980年代以降の複雑化する開発をめぐる問題に関する妥当な記述である。

5 −誤　AUは2002年に発足している（**Q23**参照）。また1995年に発足した南米の関税同盟MERCOSURには、ブラジルとアルゼンチンも加盟している。

Q52 我が国の援助政策

問 我が国の援助政策に関する次の記述のうち、妥当なものはどれか。 (国家一般)

1　政府から発展途上国に対する援助のうち、経済開発や福祉の向上を目的とし、グラント・エレメントが25％以上であるものを政府開発援助（ODA）という。ODAには、二国間援助と、国際連合や世界銀行などの国際機構への出資や拠出が含まれる多国間援助とがあり、形態としては、無償資金協力や円借款などがある。

2　我が国のODAの支出額は、ドルベースでみると1980年代に著しく増加し、平成元年（1989年）にはアメリカ合衆国を抜いて世界第1位となった。その後も1990年代を通して増加し続け、対GNI比1％を超える水準に達した。しかし、平成12年（2000年）に、支出額が初めて減少傾向に転じ、平成14年（2002年）にはアメリカ合衆国に抜かれ世界第2位となった。

3　近年、我が国のアフリカに対するODA支出額は、貧困等の問題の改善への積極的な取組みを反映して増加傾向にある。しかし、我が国の平成12年（2000年）におけるODA支出額を供与先地域別にみると、二国間援助総額の半分以上を供与されているアジアが第1位、度重なる経済危機に見舞われた中南米が第2位であり、アフリカは第3位にとどまっている。

4　我が国のODA予算は特別会計予算として独立しており、ODA政策の決定は、行政府の中では外務省が外交的見地から独占的に行ってきている。近年、発展途上国に対する貧困対策等の援助活動や災害・紛争地域に対する緊急人道支援などの分野で非政府組織（NGO）とのパートナーシップが重視されるようになった。

5　我が国は、援助を開始した1950年代に援助基本法を制定し、援助を我が国の貿易振興策として位置付けた。しかし、国際環境の変化、我が国の経済力の増大などにより援助基本法の見直しが検討された結果、政府開発援助（ODA）大綱が平成4年（1992年）に閣議決定された。ODA大綱には、援助を受けたい国からの要請に応じて援助を考える要請主義という新たな援助方針が明示された。

PointCheck

● ODA（政府開発援助）の定義 ………………………………………………【★★★】

以下の3つの要件を満たすときに、ODAであると認められる。

①**政府や政府機関が行う資金協力や技術協力**であること
②**発展途上国の経済開発や福祉の向上に寄与**するものであること（軍事援助は含まれない）
③**グラント・エレメント（贈与要素の比率を表す指標）が25％以上**であること

第1章

第2章

第3章

第4章

第5章

● ODA の形態‥‥‥‥‥‥‥‥‥‥‥‥‥‥‥‥‥‥‥‥‥‥‥‥‥‥‥‥‥‥‥【★★★】
⑴二国間援助と多国間援助

　ODA の形態には、途上国向けの二国間援助と国際機関向けの多国間援助がある。1995
～ 2014 年まで、二国間援助供与先の第１位はアジア、第２位は中東・アフリカ、第３位は
中南米となっている。
⑵贈与と貸付

　返済や金利支払いが不要な「贈与」には無償資金協力や技術協力がある。「貸付」の代表
例は円借款である。
⑶タイド（紐付き）とアンタイド（紐なし）

　開発プロジェクトを行う場合に、必要となる資材やサービスの調達先を援助供与国に限定
することを「タイド」という（逆はアンタイド）。

● ODA の変遷‥‥‥‥‥‥‥‥‥‥‥‥‥‥‥‥‥‥‥‥‥‥‥‥‥‥‥‥‥‥‥【★☆☆】

　ODA は、先進国政府による開発途上地域の開発が目標とされるが、先進国の援助供与の
目的は、各国の経済的関心（輸出先および資源輸入先の確保）や政治的外交的目的（自国勢
力圏の拡大・維持）などによって左右されてきた。1970 年代の ODA は量的拡大が目標と
されていたが、その後一向に改善されない南北格差を前に、国際的に ODA のあり方が見直
されるようになり、1980 年代には質の向上や途上国のニーズを重視する援助のあり方が模
索され、1990 年代以降は環境問題などのさまざまなグローバルな問題に貢献する ODA が
求められるようになっている。またガバナンス重視の姿勢から援助供与国側の効率的な資金
利用に対する評価・モニタリングの重要性も高まっている。

●日本の ODA の歴史（詳細は Q56）‥‥‥‥‥‥‥‥‥‥‥‥‥‥‥‥‥‥‥‥【★★☆】
　1954 年　コロンボ・プラン（旧イギリス植民地を中心とする経済協力計画）に援助国と
　　　　　して参加…同時に世界銀行からの融資も受ける
　1992 年　ODA 大綱閣議決定（ODA 政策の基本方針を示す）
　2003 年　新 ODA 大綱閣議決定（国益重視の姿勢が示される）
　2015 年　従来の ODA を含めた幅広い対外協力・援助を目指す「開発協力大綱」

A52 正解― 1

　1 ―正　ODA に関する妥当な記述である。
　2 ―誤　我が国 ODA の対 GNI 比が１％を越えたことはない（Q56 参照）。
　3 ―誤　アフリカへの供与は増加しているが、依然アジアへの支出額が１位で、中東
　　　　　を含めてもアフリカは２位である。
　4 ―誤　我が国の ODA 予算は特別会計予算として独立してはおらず、また、外務省の
　　　　　管轄範囲が広いものの ODA 政策にはさまざまな省が関与している。
　5 ―誤　ODA の柱は ODA 大綱と開発協力大綱であり、援助基本法は存在しない。

Q53 世界経済体制

問 世界経済体制に関する次の記述のうち、妥当なものはどれか。 （国家一般）

1　第二次世界大戦後発足したブレトン・ウッズ体制は、豊富な金備蓄と変動相場制に支えられたアメリカ合衆国によるドルの供給により、西側諸国の戦後復興を支援した。しかし、西側諸国の経済復興やアメリカ合衆国の競争力の相対的低下などにより国際市場でのドル過剰を招き、1971年のニクソン政権による金・ドル交換停止を契機に、主要通貨は固定相場制に移行した。

2　1995年に発足した世界貿易機関（WTO）により、サービス貿易を含む幅広い貿易分野について、自由貿易体制を促進するための多国間交渉の枠組みが強化された。このため、地域主義に基づき二国間・地域単位での貿易の自由化を促進する自由貿易協定（FTA）は、WTO発足以降その発効件数が減少するなどその重要性が年々低下している。

3　欧州連合(EU)で1999年から導入された共通通貨であるユーロは、欧州中央銀行(ECB)による共通通貨政策の下、域内の経済・財政条件を収斂させる役割を果たしている。例えば、すべての経済通貨同盟（EMU）参加国は、EMU発足以来現在まで一貫して、安定成長協定の要求する財政均衡等に関する数値基準をすべて満たしている。

4　アジア太平洋経済協力（APEC）は、政治・宗教・文化的な多様性に富んでいるアジア・太平洋地域において、緩やかな協力体としての性格を有し、参加国のコンセンサス方式により主に経済問題を協議する形で発展し、1993年以降毎年首脳会議を開催している。

5　冷戦後の開発途上国における経済発展に関し、世界銀行（IBRD）は「ガバナンス」の概念を提唱し、国家は政府の説明責任、開発のための法的枠組みの整備等に取り組む必要があるとした。これを受け、インドネシアやマレーシアでは、ガバナンスの改善には民主化が必要不可欠として、1980年代に民主化を積極的に進め、90年代初頭に目覚しい経済発展を果たした。

PointCheck

● WTO（世界貿易機関）の設立 ……………………………………………………【★★★】

ウルグアイ・ラウンドで合意されたマラケシュ協定により、多角的貿易交渉を推進する国際機関としてWTOが1995年に設立され、これによりGATTは発展的に解消した。

● WTOの特徴 ………………………………………………………………………【★★★】

WTOはGATTの成果を引き継いで誕生した機関であり、基本的な原則はGATTと同等であるが、特にWTOに特徴的な点は以下である。

①サービス貿易や知的所有権など交渉対象分野が多岐にわたっている

②農業分野における非関税化・補助金削減の交渉に本格的に着手

③紛争処理委員会（パネル）の裁定強化

問題でPoint を理解する

Level 2 Q53

第1章

第2章

第3章

第4章

第5章

　特に③について、GATT では理事会において１カ国でも反対すれば採択されないコンセンサス方式を採用していたが、WTO は新たに設置された DSB（紛争解決機関）において全会一致で反対しない限り採択されるネガティブ・コンセンサス方式を採用している。また、発展途上国に対しても、先進国と同じルールが適用されることも WTO の特徴である。なお、DSB への提訴は年々増加している。

● WTO の組織と加盟国 ……………………………………………………【★★☆】

　WTO の組織は、閣僚会議、一般理事会、事務局などから構成されるが、もっとも重要な組織は一般理事会である。この理事会と関連して、物の貿易に関する理事会、サービス貿易に関する理事会、貿易関連知的所有権（TRIP）に関する理事会がある。2001 年に中国、2002 年に台湾、2012 年にはロシアも加盟、2018 年 12 月現在、164 の国と地域が加盟している。

● FTA（自由貿易協定）……………………………………………………【★★★】

　今日、２国間や多国間で関税や非関税障壁を撤廃し、自由貿易を促進することを目的とする FTA が急増している。FTA は無差別を原則とする GATT や WTO との整合性から問題があると考えられてきたが、1994 年にアメリカが NAFTA を結成したことを皮切りに各地で FTA が締結されるようになった。日本政府は、FTA とともに、EPA（経済連携協定）という用語を用いる。外務省によれば、EPA はモノの貿易やサービス貿易に加えて、ヒトの移動やビジネス環境などの幅広い分野をカバーする二国間協定の枠組みとし、FTA はその一部であると位置づけている。日本と FTA（EPA）締結・発効済みなのは、シンガポール（2002.11）、メキシコ（2005.4）、マレーシア（2006.7）、チリ（2007.9）、タイ（2007.11）、インドネシア（2008.7）、ブルネイ（2008.7）、フィリピン（2008.12）、ASEAN（2008.12 より順次）、スイス（2009.9）、ベトナム（2009.10）、インド（2011.8）、ペルー（2012.3）、オーストラリア（2015.1）、モンゴル（2016.6）、TPP（2018.12）、EU（2019.2）。

Level up Point!　WTO や FTA は、今世紀に入ってからの国際経済において最重要のキーワードである。WTO における最初のラウンドが農業の自由化をめぐる議論の紛糾や途上国との対立などでなかなか進展しないなか、合意しやすい二国間 FTA が増加している。

A53 正解ー4

　1－誤　ブレトン・ウッズ体制の特徴は、ドルを基軸通貨とする固定相場制採用にある（**Q44** 参照）。
　2－誤　WTO 発足後、むしろ FTA 発効件数は急増している。
　3－誤　安定成長協定は、ユーロ参加国に財政赤字を GDP の３％以内に抑えるよう規定するが、今までにドイツやイタリア、フランスがこれをオーバーしている。
　4－正　APEC に関する妥当な記述である（**Q24** 参照）。
　5－誤　インドネシアやマレーシアの経済発展は、開発独裁による（**Q51** 参照）。

Q54 南北問題・政府開発援助

問 政府開発援助に関する次の記述のうち、妥当なのはどれか。 （国家一般改題）

1 「ミレニアム開発目標」（MDGs）は、1990年代に開催された主要な国際会議やサミットにおいて採択された国際開発目標に2000年の「国連ミレニアムサミット」で採択された「国連ミレニアム宣言」を統合し、2015年までに達成すべき目標としてまとめたものである。2011年に開催されたフォローアップ会合において、MDGsのうち、貧困と飢餓の撲滅及び森林破壊の防止については、既に目標が達成されたことが確認された。

2 政府開発援助実績（支出純額。米ドルベース。以下同様。）をみると、1990年代後半には、日本が、経済協力開発機構・開発援助委員会（OECD-DAC）加盟国中で第1位となっていたが、2001年以降は米国が第1位となっている。2017年の日本の援助実績は、米国、ドイツ、英国を下回っており、また、同年の日本の援助実績の対国民総所得比は0.23と国連の目標である0.7を下回っている。

3 BRICs諸国は、好調な経済情勢を背景に国際的な役割の強化に取り組んでおり、政府開発援助政策が優先的政策課題の一つに位置づけられてきている。これら諸国の援助の特徴としては、国際機関を通じた援助に特化することで二国間政府開発援助に重点をおく先進諸国との違いを強調していること、援助先を自国が所属する地域に限定していることなどが挙げられる。

4 開発途上国との協議を経て実施される二国間政府開発援助は、被援助国の実情に応じたきめ細かい援助が可能なこと、被援助国との関係強化に貢献することが期待されることなどから、日本においては、政府開発援助実績に占める割合が2000年以降増加傾向にあり、2017年についてみると、援助実績全体の約90%を占めている。

5 日本の二国間政府開発援助の地域別配分割合をみると、アジア地域の占める割合は、地域内諸国の経済成長を背景に、1990年代以降減少傾向にあり、2017年は、約15%とアフリカ地域への配分割合の約半分となっている。また、中国への援助については、2007年度分を最後に円借款の新規供与が終了している。

PointCheck

ここでは、南北問題について、今世紀に入ってからの国連の取組みについて整理していこう。

●ミレニアム開発目標（MDGs）‥‥‥‥‥‥‥‥‥‥‥‥‥‥‥‥‥‥‥‥【★★☆】

2000年の国連ミレニアムサミットでは、アナン国連事務総長の提案により、150カ国以上の国の元首が集まり、21世紀における国連の役割を討議した。この国連総会において、「開発及び貧困の撲滅」のため、ミレニアム開発目標が設定された。ここでは、①貧困の削減（1990年から2015年の間に最貧困層の割合を半減させる）、②環境面で持続可能な開発（2015年

までに安全な飲料水を継続的に利用することができない人の割合を半減させる）、③初等教育の普及（2015 年までにすべての児童を小学校に入学させる）などの内容が含まれている。

●持続可能な開発目標（SDGs） ………………………………………【★★★】

2015 年までのミレニアム開発目標（MDGs）を引き継ぎ、新たな 15 年間の地球規模の持続可能な開発目標となる「持続可能な開発のための 2030 アジェンダ」「17 の持続可能な開発のための目標（SDGs）」が 2015 年 9 月の国連総会で採択された。「持続可能な開発」とは、「将来世代のニーズを損なうことのない形で現代の世代のニーズを満足させるような開発」であり、1980 年代までの、先進国のリードによる「近代化」「工業化」「消費社会化」が、世界全体の発展をもたらしえなかった歴史的事実を踏まえ、各国がその力を結集し、あらゆる形態の貧困に終止符を打ち、不平等と闘い、気候変動に対処しながら、誰も置き去りにしないことを確保するための取組みを進めるという宣言である。

Level up Point!
南北問題に対する国連の本格的な取組みは 1960 年代からスタートした「国連開発の 10 年」である。これはその後 1990 年代まで続けられたが、南北問題は解決するどころかますます複雑化している。これを踏まえ、今世紀ではミレニアム開発目標・持続可能な開発目標が示され、人間中心の開発が求められるようになった。人間の安全保障の実現には国家の利害を越え、現地の住民のニーズをくみとることができる NGO の果たす役割が大きく、国連や各国政府は NGO との連携を強化しようと試みている。

A54 正解－2

1 －誤 「国連開発の 10 年」の挫折とその後の UNESCO や OECD の活動を踏まえて採択されたものがミレニアム開発目標である。2011 年東京で開催されたフォローアップ会合では全世界での貧困削減目標達成は可能とされ、2012 年には安全な飲料水の利用の目標達成も確認された。しかし、同じ環境の持続可能性確保のためでも「森林破壊防止」については最も進展が認められなかった。

2 －正 2007 年から 2012 年まで日本は援助国の第 5 位であったが、2017 年は 4 位。（Q56 参照）

3 －誤 BRICs 諸国でも援助協力が重要政策とはなっているが、援助国別の事情がある。ロシアは 8 割がグラント・エレメントで多国間援助が多い。逆にインドは近隣諸国への二国間援助が多い。またブラジルや中国はアフリカなど所属地域以外にも援助を行っている。

4 －誤 2017 年は二国間援助が 70.3%、国際機関向け拠出・出資等が 29.6%である。

5 －誤 2017 年は支出総額ベースで、アジアが約 60%、アフリカが約 23%である。中国への円借款は 2007 年度をもって終了している。

Q55 発展途上国の開発

問 発展途上国の開発に関する次の記述のうち、妥当なものはどれか。 （国家一般）

1 1960年代、ラテンアメリカを中心に展開された「従属論」は、発展途上国の経済発展が、それぞれの国の経済発展の経路や政策によるのではなく、中心と周辺から成り立つ世界資本主義の構造によって規定される、とする見方である。しかし、発展途上国が発展する方策については論者によりさまざまな見解があった。

2 1960年代、W.ロストウに代表される近代化論が発展理論として盛んになった。彼は、著書『経済成長の諸段階』において、後進社会が近代化を遂げるには、連続した歴史的な段階を経る必要があると主張し、経済成長の最終段階を高度大衆消費時代とみなした。この発展段階説は、冷戦期、東西両陣営を問わず、援助政策の理論的支柱となった。

3 「持続可能な開発」という概念は、1980年代、国際連合の世界環境開発委員会に提出された報告書が提唱したことにより関心を集めるようになった。この概念は、環境と開発を互いに反するものというとらえ方を改めたものであり、「将来の世代が自己の必要性を充足する能力を多少損なうことがあっても現在の世代が必要性を充足し続ける開発」と定義されている。

4 国連開発計画（UNDP）は、各国が「持続可能な開発」を達成する能力を持てるように支援することを任務としている。1990年から『人間開発報告書』を刊行し、人間開発指数（HDI）を作成するようになった。この指数は、経済的指標によってのみ開発を評価することに対する批判から生み出されたものであり、識字率等、経済的要素以外の要素から算出される。

5 発展途上国の中には債務危機に陥っている国が多い。特に重債務最低所得国は、低所得国の中でも債務返済額が国民総生産を超える国を指す。重債務最低所得国のほとんどは、アフリカ諸国であり、中でもサハラ砂漠以南に集中している。重債務最低所得国の債務総額を貸手で分類すると、公的債務よりも民間債務の方が圧倒的に多い。

PointCheck

●開発をめぐる理論と実践‥‥‥‥‥‥‥‥‥‥‥‥‥‥‥‥‥‥‥‥‥‥【★★★】

(1) 1960年代～

1960年代の関心は先進諸国の支援による後発国の近代化に向けられ、近代化論を理論的根拠に、先進国からの資本、技術、思想の導入によって、伝統社会を解体し、短期間に近代社会に作り変えることが目標とされた。西欧先進国をモデルとした発展段階論を唱え、共産主義を前近代社会における風土病だとした経済学者W.ロストウがアメリカの安全保障戦略の責任者となり、中南米を対象に大規模な援助計画「進歩のための同盟」を打ち出した。

W.ロストウ：アメリカの経済学者であるロストウは、伝統社会から離陸期を経て高度大衆消費社会に至るという独自の発展段階論を『経済成長の諸段階』（1960年）において展開し、

アメリカの第三世界政策形成に大きな影響を与えた。

⑵ 1970 年代〜

1970 年代より、途上国の結束・発言力ともに増大し、1974 年には国連において NIEO 樹立宣言が採択されたが、この理論的支柱となったのが**国際分業体制を是とする比較優位説を否定する従属論**である。従属論とは、後発地域が資本主義世界分業の中に組み込まれたことによって、自律的な発展を妨げられたとする主張であり、**中心（先進国）－周辺（途上国）構造**で知られる。1950 年代より、R. プレビッシュや A.G. フランク、F.H. カルドーゾらによって主張され、途上国自身の開発や権利主張に大きな影響を与えた。

⑶ 1980 年代〜

ラテンアメリカ諸国において国家介入によって行われていた輸入代替工業化が思うような成果をあげられず、この時期、ついに累積債務問題にまで発展した。その結果、市場経済の優位を説く新古典派経済学が発言力を増すようになった。一方、冷戦から新冷戦にかけて先進国は激動の時期にあり、国際社会による南北問題へのアプローチは後退した。

⑷ 1990 年代〜

冷戦が終わり、「平和の配当」が叫ばれるなか、環境問題や難民問題など複雑化した南北問題に対処するための新しい開発の概念として、**持続可能な開発、社会開発、人間開発、ガバナンス**などが重視されるようになった。

● **OECD（経済協力開発機構）**……………………………………………………【★★★】

マーシャル・プラン受入れ機関として設立された OEEC（欧州経済協力機構）を改組して 1961 年に発足。原加盟国は欧州 18 カ国とアメリカ、カナダの 20 カ国であったが、現在は 36 カ国が加盟（日本は 1964 年に加盟）。途上国への援助や自由貿易の拡大を中心に活動。下部組織に日本を含む OECD 加盟 29 カ国と EU 委員会とからなる DAC（開発援助委員会）があり、加盟国の ODA についてガイドラインを設定する。

Level up Point! 従属論については第 5 章の国際関係理論においても取り扱うが、単に理論を覚えておくだけでなく、実践面についても南北問題の歴史とからめて理解を深めておくとよい。

A55 正解ー1

1 ー正 本肢はラテンアメリカの学者プレビッシュらによって唱えられるようになった従属論に関する記述として妥当である。

2 ー誤 ロストウは、アメリカの開発援助政策に影響を与えた経済学者である。

3 ー誤 持続可能な開発は環境と開発の両立を目指す概念である（**Q36** 参照）。

4 ー誤 HDI（人間開発指数）には GDP などの経済的要素も含まれる。

5 ー誤 重債務低所得国（HIPCs）について、世界銀行と IMF は次のように定義している。「GNP に対する債務返済額が 48 〜 80％ないし輸出に対する債務返済額が 132 〜 220％に達している国」。

Q56 外交および国際協力の動向

問 我が国の外交及び国際協力の最近の動向に関する次の記述のうち、妥当なものはどれか。

(国家一般)

1 平成4（1992）年に制定された政府開発援助（ODA）大綱は、その後の国際情勢の変化などにより、平成15（2003）年に改定された。改定前の大綱では、「ODAを通じた国際貢献は我が国の安全と繁栄を確保するもの」として国益重視の観点が目的として明確に掲げられていたが、改定後の大綱では、国益にとらわれることなく、持続的成長、地球的規模課題への取組みなど、近年国際社会で重視されてきた点を重点分野としている。

2 アフリカ開発会議（TICAD）は、我が国が国際連合や世界銀行などと共同で開催する、アフリカの開発をテーマとする国際会議であり、平成5（1993）年以降の数回にわたり開催されている。TICADプロセスにおいて、我が国は「平和の定着」「経済成長を通じた貧困の削減」及び「人間中心の開発」を三本柱として、それに基づきアフリカへの支援を行っている。

3 我が国のODAの特徴として、平成15（2003）年及び平成16（2004）年の開発援助委員会（DAC）諸国におけるODA実績の対国民総所得（GNI）比が、アメリカ合衆国に次ぐ第2位の高さとなっている一方、同時期のグラント・エレメント（G.E.：援助条件の緩やかさを示す指標）の平均値は約88.2%にとどまっており、DAC諸国中、最低水準となっている。

4 平成16（2004）年の第59回国際連合総会の場で安全保障理事国入りを目指すことを表明した我が国は、同じく常任理事国入りを目指す他の諸国とG4を結成した。G4はアフリカ連合（AU）と協調し、安全保障理事会改革に関するG4・AU合同決議案を提出したものの、常任理事国の拡大に頑強に反対する国もあって合意が得られず、この決議案は第59回総会会期終了と同時に廃案となった。

5 京都議定書において、我が国は2008年から2012年の目標期間中に温室効果ガスを基準年度と比較して6%削減することが規定されている。しかし、この数値目標の達成が容易ではないことから、我が国は現行の排出量取引制度に加え、他国との共同プロジェクトにより生じた削減量を当事国間でやり取りする制度の構築を求めている。

PointCheck

●日本のODAの特徴とODA大綱、開発協力大綱 ・・・・・・・・・・・・・・・・・・・・・・・・・・・・【★★★】

日本のODAの歴史は、コロンボ・プラン（旧イギリス植民地を中心とする経済協力計画）に遡る。途上国への資金協力を通じて、自国の経済発展に役立てようとする側面が強く、長い間アンタイド率の低さが批判されてきたが、近年アンタイド率は高くなった。しかし、円借款が多く、贈与比率は低い。援助形態は二国間援助と多国間援助で約2：1である。対GNI（国民総所得）比は0.28%（2018年）。援助額（支出純額ベース）は1991年から

2000 年までは連続世界１位であった（01 ～ 05 年はアメリカに抜かれ２位、17 年には米英独に次いで４位）。1992 年、宮沢内閣において、ODA 大綱が閣議決定され、「環境と開発の両立」「軍事用途などへの使用回避」「途上国の軍事支出や武器輸出入への留意」「民主化促進や市場経済導入と基本的人権や自由の保障への留意」の４原則が定められた。その後2003 年には国益重視の新 ODA 大綱に転換し、2015 年には ODA 以外の援助・強力との連携を強め、狭義の開発のみならず、平和構築やガバナンス、基本的人権の推進、人道支援等も含めた広い開発を目指す「開発協力大綱」が閣議決定された。基本方針は、①非軍事的協力による平和と繁栄への貢献、②人間の安全保障の推進、③自助努力支援と日本の経験と知見を踏まえた対話・協働による自立的発展に向けた協力の３点とされる。

◉ TICAD（アフリカ開発会議）……………………………………………【★☆☆】
　TICAD（アフリカ開発会議）とは日本が国連（UNDP、OSAA）、アフリカのためのグローバル連合（GCA）、世界銀行との共催で開催する、アフリカの開発をテーマとする国際会議であり、1993 年に開始された。その後、５年から３年おきに開催され、2003 年の TICADⅢでは、平和の定着や人間の安全保障などを骨子とする「TICAD10 周年宣言」が採択された。2008 年の TICAD Ⅳでは、会議の最終成果として、今後のアフリカ開発の取組み・方向性に関する政治的意思を示す「横浜宣言」、同宣言に基づき今後の TICAD プロセスの具体的取組みを示すロードマップである「横浜行動計画」、TICAD プロセスの実施状況の検証を行うための「TICAD フォローアップメカニズム」の３つの文書が発表された。2016 年は初めてのアフリカ開催（ナイロビ）、2019 年は再び横浜で TICAD Ⅶが行われた。

Level up Point!　日本の外交や国際協力については、この問題のように、グローバル・イシューとからめて出題されることが多くなっているので注意が必要である。また ODA については、外務省のホームページで日本の ODA の DAC 諸国との比較（おおまかなランク）や総額（増えているか減っているか）をチェックしておこう。

A56 正解ー2

1 －誤　改定後の新 ODA 大綱によって、明確に国益重視が示された。
2 －正　TICAD に関する妥当な記述である。
3 －誤　我が国の ODA 対 GNI 比は、DAC メンバー国中、つねに下位にあり、またグラント・エレメントも最下位である。
4 －誤　AU 決議案と G4 決議案の一本化はアフリカが新常任理事国への拒否権の付与等に固執したため、一本化には至らず、廃案となった。
5 －誤　「共同実施（JI）」は京都議定書において規定されている（**Q35** 参照）。

Level 1 p124〜p143　Level 2 p144〜p151

1 国際関係理論の流れ

Level 1 ▷ **Q57**

▶p124

1648年	ウェストファリア条約締結 →主権国家が国際社会の構成単位＝西欧国家体系誕生…**勢力均衡システム**
1914年	第一次世界大戦勃発 →終戦後、**集団安全保障システム**誕生
1928年	不戦条約締結→**理想主義の全盛期**
1929年	世界大恐慌→**現実主義の台頭**、戦後も国際関係理論の中心に
1945年	第二次世界大戦勃発 →終戦後、**冷戦体制の開始**
1950年〜	西欧における地域機構結成への動き →**国際統合論（ネオリベラリズム）**の登場
1960年〜	南北問題の浮上→ラテンアメリカを中心に**従属論（マルクス主義的国際理論）**登場
1970年〜	国際問題の複雑化（政治・軍事問題＋経済問題） →**相互依存論（ネオリベラリズム）**の登場 　同時に**ネオリアリズム**の思想も活発化
1980年〜	ネオリベラリズムとネオリアリズムを統合しようとする理論 →**ネオリベラル制度主義**登場
1990年〜	冷戦終結後の国際社会に対応しようとする新しい国際関係理論が登場 →**グローバル・ガバナンス論、コンストラクティヴィズム、文明の衝突論**など

2 国際関係理論（マクロ理論）の類型

Level 1 ▷ **Q58〜Q66**
Level 2 ▷ **Q68,Q69**

▶p126

　国際関係全体の見方を扱うものをマクロ理論というが、通常はこれを指して国際関係理論と呼ぶ。国際関係理論は、主に以下の3つの理念型に分類される。

⑴**現実主義** ▶p128 ▶p130

【特徴】

・政治的現実を**権力闘争**であるとする

・**勢力均衡**を主張

・**「国家」の役割**を重視する

・**力（パワー）**の要素、政治・軍事問題を注視する

【主な理論家】

現実主義：F.L. シューマン（『国際政治』）、E.H. カー（『危機の20年』）、H.J. モーゲンソー

（『国際政治―権力と平和』）、G.F. ケナン（『アメリカ外交50年』）

ネオリアリズム：K.N. ウォルツ（『人間・国家・戦争』）、R.G. ギルピン（覇権安定論）

(2)理想主義 ▶p129 ▶p132

【特徴】

・人間の理性を信じる

・国家以外の行為体（国際組織や非政府組織《NGO》など）にも注目する

・力よりは法や道徳などの要素を重視し、経済社会問題にも注視する

【主な理論家】

理想主義：サン・ピエール（『永久平和草案』）、I. カント（『永遠平和のために』）

ネオリベラリズム：D. ミトラニィ（機能主義）、E.B. ハース（新機能主義）、K. ドイッチュ（交流主義）、R.O. コヘインとJ.S. ナイ（複合的相互依存）、J.N. ローズノウ（リンケージ論）、また、ネオリベラリズムに影響を及ぼした理論として、M.A. カプランの「国際システム論」、A.W. タッカーの「囚人のジレンマモデル」などがある。

(3)マルクス主義的国際関係理論 ▶p134

【特徴】

・個別の行為体よりは、**全体構造（システム）に注目**→資本主義経済構造

・経済的要素（搾取）を最重視する→世界を資本主義システムとみなす

・発展途上国の視点から問題をとらえる傾向が強い

【主な理論家】

従属論：R. プレビッシュ（UNCTADの初代事務局長）、A.G. フランク、F.H. カルドーゾ、S. アミン

世界システム論：I. ウォーラーステイン（『近代世界システム』）

構造的暴力論：J. ガルトゥング

3 対外政策決定論（国際関係理論のミクロ理論） Level 1 ▷ **Q65**　Level 2 ▷ **Q70**

　国際関係理論のうち、ある国の外交政策の政策決定過程を国内的に分析したものをミクロ理論と呼ぶ。

(1)アリソン・モデル ▶p150

　G.T. アリソンが著書『決定の本質』（1971年）で示した官僚政治機構と対外政策決定過程の連関モデル。

(2)ツー・レベル・ゲーム ▶p140

　R.D. パットナムが示した先進国における内政と外交政策との連関を示すモデル理論。

4 ナショナリズム　Level 2 ▷ **Q67**

▶p144

　ナショナリズムに関する理論家では、ネイションを「想像の共同体」としたB. アンダーソンや、前近代的共同体（エトニ）は実在したとするA.D. スミスが知られる。

Q57 国際政治学の学説史

国際政治学の学説史に関する次の記述のうち、妥当なものはどれか。 （国家一般）

1　国際政治学は、国際連盟など国際機構の創設に刺激され第 1 次世界大戦後になって誕生した。第 1 次世界大戦の悲惨な経験は国際政治学の創設者たちに強い印象を与えたため、1920 年代の国際政治学では人間の権力衝動の強さや権力政治の不可避性を強調する傾向が極めて顕著であった。

2　冷戦が本格化するとアメリカの国際政治学は、反共十字軍的性格を強めアメリカ外交の大義名分を擁護する傾向が高まった。とりわけこの時期の代表的な国際政治学者であった H. モーゲンソーは、こうしたアメリカ外交の道徳的性格を称賛した人物の 1 人であった。

3　レーニンの著作に影響を受けて発展したマルクス主義国際政治学においては、国際政治における経済的要因が強調された。このため、マルクス主義国際政治学では、資本の自由な移動や自由貿易体制など市場原理の重要性を強調する傾向が強く、経済的利益による統合に対して楽観的な見通しがしばしば提示された。

4　1950 年代半ば頃からアメリカの国際政治学では、仮説の提示とデータによる経験的検証を重視する科学主義の台頭が見られた。このような科学主義の台頭は、歴史的経験や哲学的省察をより重視する伝統主義との間に、やがて激しい論争をもたらすことになった。

5　1970 年代に入ると先進諸国の経済関係には緊密な一体性が高まった。K. ウォルツはこのような状況を相互依存論として理論化し、相互依存状態の下では低開発国は必然的に先進国に従属するため、より低開発化が進むことを解明して、その後の国際政治学に強い影響力を持った。

PointCheck

●国際関係論の歴史……………………………………………………………【★★☆】

⑴第二次大戦以前

　1648 年に、三十年戦争を終結させるためにウェストファリア条約が締結され、これによって主権国家が国際社会の構成単位となり、西欧国家体系が誕生した。この国家システムは、主権の絶対性、国家間の平等を原則とし、国家間の権力闘争を前提とするものであった。このような時代に登場した国際関係における理想主義の先駆者がサン・ピエールと I. カントである。

⑵戦間期

　第一次大戦終結から第二次大戦勃発までのいわゆる戦間期前半は、史上初の集団的安全保障機構である国際連盟が誕生し、また不戦条約が締結されたことで、理想主義は全盛期を迎えた。しかし、世界恐慌後、各国が自国の利益を追求するようになると、国際関係理論における現実主義が台頭してくる。この時期、H.J. モーゲンソーや E.H. カーなどの多くの著名な現実主義の理論家が登場した。

問題でPoint を理解する

Level 1 **Q57**

第1章

第2章

第3章

第4章

第5章

⑶第二次大戦以降

1950 年代から 1960 年代における冷戦状況下で、欧州諸国は経済協力を行い、EEC など の地域機構を結成し、国家の一部の機能を統合する現象が現れた。この時期に登場したのが **国際統合論（E.B. ハース、D. ミトラニィ、K. ドイッチュら）** である。また、国家間関係に おいて、経済的相互依存が進み、政治・軍事問題以外の比重が高まると、**相互依存論（J.S. ナ イ、R.O. コヘインら）** も唱えられるようになった。これらの理想主義の系譜に連なる考え 方を**ネオリベラリズム**と呼ぶ。一方、1973 年の石油危機などで、人々が再び国家の役割を 認識するようになったことを背景として、**K.N. ウォルツ**や**R.G. ギルピン**など**新現実主義（ネ オリアリズム）** の思想も盛んに唱えられるようになった。また、1960 年代以降、国際政治 の大きなテーマとなった南北問題へのアプローチとして**従属論**や**世界システム論**といった**マ ルクス主義的国際関係理論**も登場した。

> **知識を広げる**
>
> **理想主義の先駆者**
>
> ①サン・ピエール『永久平和草案』(1713 年)
>
> 　永久平和を形成・維持するために**世界政府の設立**を主張→後の欧州統合につながる
>
> ② I. カント『永遠平和のために』(1795 年)
>
> 　サン・ピエールの思想に影響を受け、永久平和実現のために①常備軍の廃止、②共 和制（現在の民主制に近い）国家による国際機構の設立を提唱
>
> 　→ B.M. ラセットのデモクラティック・ピース理論につながる

●国際関係論の分析手法……………………………………………………………【★★☆】

①**伝統主義**：歴史学・法学・哲学などの手法を重視、規範的な命題に重きを置く
②**科学主義**：自然科学的手法（心理学や数学、統計学など）を取り入れ、実証的（検証可能）な命題の提示を目指す

1960 年代から 1970 年代にかけて、アメリカでは自然科学的な方法を国際政治の分析に 応用しようとする「行動論革命」が起こり、両者は激しい論争を繰り広げた。なお、モーゲ ンソーは科学主義を批判した。

A57 正解─4

1 ─誤　1920 年代は、現実主義的な理論ではなく、理想主義が全盛であった。

2 ─誤　モーゲンソーは国際社会を国益追求の場とみなし、パワーを最重視する現実主義の代表的論者であり、彼の思想は外交における道徳性とはまったく逆である。

3 ─誤　マルクス主義的国際政治学は、大国による搾取が日常化している国際経済体制を問題としており、自由貿易や市場原理に楽観的なものではない。

4 ─正　アメリカにおける科学主義と伝統主義の論争に関する妥当な記述である。

5 ─誤　ウォルツは、ネオリアリズムの理論家であり、また本肢の記述は相互依存というよりは、従属論に関するものに近い。

Q58 国際政治の構造

国際政治の構造に関する次の記述のうち、妥当なものはどれか。　　　　　　　(国家一般)

1　勢力均衡とは、国家間において力(パワー)の分布が均衡するような状態をいう。このような勢力均衡は主権国家体系の基本的な原理の一つとされている。もしも一国が圧倒的な力を持ち、他の国々の独立や自主性を脅かす段階に至ると、それは「恐怖の均衡」としての勢力均衡が成立したことを意味する。

2　パワー・ポリティックスの視座に基づいた国際政治論では、主権国家を中心に構成される国際政治はそれ自体実効的な紛争解決システムを持っていないため、国際関係は権力闘争としての側面が強いとされる。そのような状況において、主権国家は、その生存、利益、イデオロギーを維持するためにも、力(パワー)を他国に対して行使する場合がある。

3　近代国家とは主権国家であり、主権を国家が有するということは、その国家には従属すべき権力や権威が存在しないことを意味する。しかし、主権を有する国家といえども、国家の上位に位置する国際法や国際機構に対しては自らが条約に調印しているか否かに関係なく無条件に従うことが義務付けられており、この点においては主権は大幅に制約されている。

4　覇権安定論とは、圧倒的に強力な国家(覇権国)が存在するときに、国際政治の構造が安定するという理論である。覇権国とは、力(パワー)のいくつもの側面において圧倒的な優位にあり、世界中に植民地を有する国家を指す。覇権安定論に基づく平和論では、覇権国が植民地などの直接支配する領域を世界中に拡大することによって国際社会が安定して、平和が維持されることになっている。

5　グローバル・ガヴァナンス論では、世界政府が存在しないながらも、グローバル化が進む中で世界規模である種のガヴァナンスが成立しつつある点に注目する。現実主義(リアリズム)の国際政治理論では、ルールや規範、制度を強調してきたのに対して、グローバル・ガヴァナンス論ではむしろ国際政治構造におけるアナーキーな性質を強調して、国際政治の権力的側面に注目して国際政治を論じている。

PointCheck

●国際関係理論における3類型　　**繰り返し確認**　…………………………………【★★★】

⑴理想主義

　理想主義では、**国家は闘争するのではなく、法やモラルの共有、国際組織の設立などを通じて、平和的な共同体をつくりあげていくことのできる存在である**ととらえる。そこで**重視されるのは法や制度の役割であり、パワー(権力)を重視する現実主義とは対極の存在にある**。現実の国際政治においては、第一次大戦後、アメリカのウィルソン大統領の理想主義的国際政治思想を実現させた国際連盟が創設された。国際平和実現のための個人やNGOの役割を重視する点から**カント的国際政治イメージ**、国際組織や国際法による秩序形成を主張す

ることから**グロティウス的国際政治イメージ**などともいわれる。

理想主義の系譜：理想主義→ネオリベラリズム→グローバル・ガバナンス論

⑵現実主義

　現実主義は、国際社会は権力をめぐる闘争の場であるという前提に立ち、そこで生じる権力闘争をどのようにすれば制御、抑制できるのかを検討する理論である。現実主義に大きな影響を与えたのは、人間社会における政治の本質を「万人の万人に対する闘争」と定義した17世紀イギリスの政治学者 T. ホッブズであり、現実主義はホッブズ的国際社会イメージともいわれる。すなわち、国家もまた人間と同様に自給自足の存在にはなく利己的であり、したがって自らを充足させるために資源や富をめぐる奪い合いがなされるというのが現実主義の考え方である。現実主義において最も重視されるのは国家のパワー（権力）であり、平和を維持する上で重視されるのは勢力均衡（バランス・オブ・パワー）である。必然的に分析対象は国家中心となり、国際組織や国際法、モラルなどは軽視される。

現実主義の系譜：現実主義→ネオリアリズム（R.G. ギルピンの覇権安定論など）

⑶マルクス主義的国際関係理論

　マルクス主義的国際関係理論は、国際関係をマルクス主義の世界観である階層的な経済構造になぞらえ、国家間の経済的格差を問題視する。すなわち、先進資本主義国は発展途上国を搾取しており、このような世界経済構造が途上国の経済発展を阻害し、経済格差を恒常化していると主張する。1960年代以降の南北問題の浮上を背景として、ラテンアメリカを中心に唱えられるようになった。理想主義・現実主義とは異なり、第三世界の側から国際社会をみる理論である。

マルクス主義的国際関係理論の系譜：従属論→世界システム論→構造的暴力論

●パワー・ポリティクス（権力政治） ……………………………………【★★★】

　主権国家が多数併存し、中央政府や強制的な法支配のない国際社会においては、国際政治の本質はパワー（権力）関係によって、あるいはそれをめぐって展開される闘争であるとする政策・思想であり、現実主義の中核をなす考え方である。

A58 正解—2

1 －誤　恐怖の均衡は相互確証破壊によりお互いに核攻撃が行えない状態を指す（**Q02**、**Q06** 参照）。勢力均衡では、一国が圧倒的な力を持った場合、他の国家は同盟を組む傾向があるとされる。

2 －正　パワー・ポリティクスに関する妥当な記述である。

3 －誤　国家間の約束である国際法（条約）は、同意していなければ従う義務はない。

4 －誤　覇権国の存在によって国際政治の構造が安定するというネオリアリスト、ギルピンの覇権安定論であるが、覇権国が植民地を世界中に有する必要はない。

5 －誤　グローバル・ガバナンス論と現実主義の説明が逆。国際社会のアナーキー性（無政府性）を主張するのが現実主義で、国際社会のルールや規範、制度を重視するのが理想主義の系譜にあるグローバル・ガバナンス論である。

Q59 国際政治理論(現実主義・新現実主義)

問 国際関係の理論に関する次の記述のうち、妥当なのはどれか。 (国家一般)

1 H. モーゲンソーは 1948 年初版刊行の主著『国際政治:権力と平和』において、国際政治を国家間の「力と平和をめぐる闘争」ととらえた。そして、米ソ両超大国に拒否権を付与した国連安保理が権力闘争の場になることはなく、世界平和をもたらすだろうと評価した。しかし、朝鮮戦争の勃発などによって、その立場は「理想主義」と批判された。

2 K. ドイッチュは 1957 年の共著『政治的共同体と北大西洋地域』などにおいて、国家間の様々な層におけるコミュニケーションや交流が量的に増大することによって、国家主権を乗り越えなくても、特定の国家間で戦争の準備をしなくてもよい関係が築かれることが可能であると見た。その立場は、「多元的安全保障共同体」論と呼ばれる。

3 R. コヘインと J. ナイは 1977 年刊行の共著『力と相互依存』において、経済的相互依存関係の深化が国際関係における協調を促進するという可能性を指摘した。しかし、1980 年代初頭に米ソの「新冷戦」状況が到来すると、コヘインは 1984 年の著書『覇権後の国際政治経済学』において、ナイがカーター政権下で主張していた「ソフト・パワー」論を痛烈に批判して、軍事力の増強の必要性を訴えた。

4 K. ウォルツは 1979 年の著書『国際政治の理論』において、冷戦期の米ソ両超大国が民主主義と共産主義のイデオロギー的対立を背景に対峙し合う「二極システム」の不安定性を強調した。ウォルツは、18 世紀から 19 世紀にかけてのヨーロッパのような多極的でイデオロギー色の薄い「力の均衡」システムへの回帰を理想としていた。

5 G.J. アイケンベリーは 2001 年の著書『アフター・ヴィクトリー』において、米ソ冷戦に勝利を収めた米国は唯一の超大国として、その圧倒的な軍事力を背景に、既存の国際制度に頼らず新しい国際秩序を形成することが可能だと見た。そしてアイケンベリーは、テロ支援国家などへの単独行動主義的な軍事介入を推進すべきだと主張した。

PointCheck

●**国際関係理論の主要な理論と理論家** (従属論については **Q62** 参照) ・・・・・・・・・・・・【★★★】
(1)現実主義

　① **E.H. カー** 『危機の二十年』(1939)
　　イギリスの外交官であったカーは、第一次世界大戦後の理想主義的風潮を批判し、国際政治におけるパワーの役割を重視した。彼は、国際連盟のユートピア的性格が現実の政治への批判能力を失い、ナチスドイツの欧州侵略を許したと考察した。ただし、彼は露骨な権力志向の国際政治を嫌い、「政治は道義と権力との整合の上に立っていなければならない」との認識を有していた。

　② **H.J. モーゲンソー** 『国際政治—権力と平和』(1948)
　　ナチスドイツの迫害を逃れてアメリカに渡ったユダヤ系ドイツ人のモーゲンソーは、国

際政治は権力闘争であり、「パワー」として定義された国益を追求する場であると主張
し、勢力均衡による平和を提唱した。また、伝統的なアメリカ外交における「法律家的
道徳家的アプローチ」を批判した。

(2)ネオリアリズム

① K.N. ウォルツ 『人間、国家、戦争』(1959)、『国際政治の理論』(1979)

ウォルツは、国家間関係が複雑化すると国際システムの不安定要素が増すとして多極安
定論を否定し、「二極安定論」を主張し、当時の冷戦体制を肯定する理論を展開した。

② R.G. ギルピン 『世界政治における戦争と変動』(1981)

ギルピンは、G. モデルスキーの長期安定論に影響を受け、覇権国家の存在が国際シス
テムの安定・維持をもたらすとする「覇権安定論」を展開した。

(3)ネオリベラリズム (**Q61** 参照)

①国際統合論

・D. ミトラニィの機能主義：非政治分野での協調関係の構築を主張
・E.B. ハースの新機能主義：非政治分野での協調からのスピル・オーバー仮説を提唱
・K. ドイッチュの交流主義：コミュニケーションの増大による安全保障共同体の実現

②相互依存論

R.O. コヘインと J.S. ナイは、国家間の経済的な相互依存の進展、また国家以外の主体
が国境を越えて交流する「トランスナショナル」な関係を積極的に評価した。

③リンケージ論

J.N. ローズノウは国内問題と国際問題の両者を異なった分析対象とすることの無意味
さを指摘した。

④国際レジーム（体制）論

S. クラズナーによって提唱された「国際レジーム」の形成・安定・変化に焦点を当て
た理論である。国際レジームとは、具体的には GATT や WTO、NPT などが挙げられる。

(4)その他

B.M. ラセットのデモクラティック・ピース論（民主的平和論）：民主主義体制が確立され
た国家間では、他の政治体制を採用する場合と比較して、戦争の危険性は低いとする。

A59 正解ー2

1－誤 モーゲンソーは国際関係理論の現実主義の代表的論者である。

2－正 ドイッチュは交流主義・国際統合論といったネオリベラリズム・理想主義の論者。

3－誤 コヘインは、覇権後の理論として、軍事力増強ではなく、大国の協力による共
同覇権による秩序を論じている。また、ナイが 1990 年の著書『不滅の大国ア
メリカ』で、政治や文化による影響力（ソフト・パワー）という新しいパワー
概念を提示したのは、コヘインの覇権後の理論より後である（**Q68** 参照）。

4－誤 ウォルツは多極安定を否定し、冷戦構造（二極システム）で均衡すると主張した。

5－誤 アイケンベリーは、大国は敗戦国に対して、軍事力行使を抑制し、制度による
秩序形成を行うべきとして、イラク戦争後のアメリカ軍の駐留継続を批判した。

Q60 現実主義の理論家

問 次の文章は、戦後の国際政治と国際政治理論に大きな影響を与えた人物の主張と略歴を説明したものである。これに該当する人物はだれか。 (地方上級)

　ドイツに育ったが、ナチスから逃れて国外に移り、さらにアメリカに移住した。ヨーロッパでは一種の常識論だった、国際政治を権力政治（power politics）とみなす考え方を体系化し、『Politics among Nations』を著した。そのバランス・オブ・パワー観は、冷戦下の過剰なイデオロギー化に対する歯止めの役割を果たした側面もあると評価される。

1　H.J. モーゲンソー
2　H.S. シュミット
3　H. アーレント
4　R. シューマン
5　J.F. ダレス

PointCheck

◉現実主義の理論··【★★★】
① F.L. シューマン
・主権国家＋国際法＋勢力均衡からなる主権国家システム（西欧国家体系）を提唱
② E.H. カー　『危機の二十年』（1939 年）
・理想主義は国際政治の権力的要素を無視しているとして批判
・現実主義の必要性を主張する一方、理想主義の意義を認め、両者の融合を説く
・軍事力だけではなく経済的要因の重要性を指摘
③ H.J. モーゲンソー　『国際政治―権力と平和』（1948 年）
・政治の本質は権力闘争
・国益は国家の最も重要な利益＝パワーとして定義
・国際政治はパワーをめぐる国家間の権力闘争の場
・政策の選択肢から最大の利益が得られる選択肢を採用する＝国家の合理性
・国家間のパワーの均衡（＝勢力均衡）によって平和が保障される
④ G.F. ケナン　『アメリカ外交 50 年』（1951 年）
・「X論文」でトルーマン政権の封じ込め政策に大きな影響与える（**Q06** 参照）
・アメリカ政府による封じ込め政策が軍事的手段を中心としていたのに対し、**外交交渉を重視**
・アメリカ外交の法律主義・道徳主義を厳しく批判→現実主義的外交を求める
⑤ H.A. キッシンジャー（ニクソン、フォード政権の大統領補佐官、国務長官）
・アイゼンハワー政権の大量報復戦略を批判

・19世紀ヨーロッパにおける勢力均衡を理想とする、アメリカ、西欧、日本、ソ連、中国からなる「五極構造論」を提唱

● **ネオリアリズムの理論**……………………………………………………………【★★★】
① K.N. ウォルツ 『人間、国家、戦争』(1959)、『国際政治の理論』(1979)
・戦争の原因を、指導者ら人間の本質によるもの（第1イメージ）、国家や社会の内的性格によるもの（第2イメージ）、国際政治の構造によるもの（第3イメージ）に分類
・第3イメージ（国際政治の構造）＝アナーキー
・アナーキーな国際社会で、国家は自己保存を基本原理として行動する
　→勢力均衡へと向かう
・勢力均衡の中でもっとも安定するのは多極システム（19世紀ヨーロッパ）ではなく、二極システム（米ソ冷戦体制）である＝二極安定論
② R.G. ギルピン 『世界政治における戦争と変動』(1981)
・国際政治の歴史＝覇権の循環の歴史である
・覇権の交代＝大戦争によりなされる（「長期循環理論」の影響）
・強力な覇権国の存在→国際体制（秩序）の安定＝覇権安定論
・現在（1980年代）の状況を米国の覇権の終わりとみる

A60 正解ー1

　問題文は現実主義の旗手として知られる H.J. モーゲンソーに関する文章である。
　肢2のシュミットといえば、旧西ドイツ首相のヘルムート・シュミットや、19世紀ドイツの法・政治学者カール・シュミットがいるが、H.S. シュミットにあたる著名な人物は国際関係論では見受けられない。
　肢3の H. アーレントは、モーゲンソーと同じくドイツからアメリカに亡命したユダヤ系の政治哲学者であり、『全体主義の起源』などで知られるが、国際関係論における目立った業績はない。
　肢4の R. シューマンは、フランス外相として ECSC（欧州石炭鉄鋼共同体）創設のための「シューマン・プラン」を発表した人物である。現実主義の理論家で、主権国家システムを提唱した F.L. シューマンとは異なる。
　肢5の J.F. ダレスは、アイゼンハワー大統領の下、国務長官として活躍した人物であり、「巻き返し政策」「大量報復戦略」の提唱者として知られる。

Q61 国際政治理論

問 国際政治理論に関する次の記述のうち、妥当なものはどれか。 (国家一般)

1 E.H. カーは、1939 年に著した『危機の二十年』の中で、1920 年代以降の英国で主流となった「理想主義（utopianism）」の立場から国際連盟の役割に強い期待を寄せて、英国の対独宥和政策に対しても平和を保つためには有効だとして寛容な姿勢を示した。しかし、結局は第二次世界大戦が勃発することになり、カーは「現実主義（realism）」からの痛烈な批判を浴びた。

2 E. ハースは、1958 年に著した『ヨーロッパの統一（The Uniting of Europe）』の中で、「国際統合（international integration）」について、国家から欧州石炭鉄鋼共同体（ECSC）の最高機関のような超国家的機構へと主権が移譲される政治力学に注目し、新機能主義アプローチを採った。しかしこの考えは、1960 年代にヨーロッパ統合がナショナリズムの強い抵抗を受けたという現実を反映して、修正を余儀なくされた。

3 H. ブルは、1977 年に著した『国際社会論―アナーキカル・ソサエティ』の中で、国際関係の無秩序な性格を強調し、そこには社会的秩序などは存在しないと見て、「力の均衡（balance of power）」の維持だけが国際社会に安定をもたらすと考えた。この理論は、冷戦が終結した後も影響を持ち続けて「イギリス学派」の基盤となった。

4 K. ウォルツは、1979 年に『国際政治の理論（Theory of International Politics）』を著して、アナーキーな国際政治構造において、国家は合理的主体として行動すると仮定する「合理的選択論（rationalism）」の立場を採った。この考えは、国際的規範が国家に与える影響ではなく、国家間の力の配分状況（物質的な構造）のみに注目するもので、1990 年代には「コンストラクティヴィズム」に受け継がれた。

5 F. フクヤマは、1993 年に『フォーリン・アフェアーズ』誌に「文明の衝突か？」という論文を寄稿して、世界は七つから八つの「文明」に分かれており、特に「西洋文明」と「イスラム文明」、「儒教文明」との対立が深刻であることを説いた。この理論は、世界における自由民主主義の勝利をうたった「歴史の終焉」論を大幅に修正するものとして注目された。

PointCheck

●ネオリベラリズムの理論······································【★★★】

⑴国際統合論
①機能主義（D. ミトラニィ） 1940 年代に登場
・国家間における非政治分野での協力を構築し、国際社会の平和の基礎確立を目指す
②新機能主義（E.B. ハース） 1950 年代に登場
・非政治分野での協力進展が他の分野にも波及するとするスピル・オーバー仮説を提唱
・経済的分野での統合→政治的分野での統合（＝超国家的機構の設立）…ヨーロッパ統合の理論的支柱となる

③交流主義（K. ドイッチュ）

・新機能主義のいう「超国家的機構」ではなく、「安全保障共同体」の実現を目指す

・「安全保障共同体」＝国家間で戦争の危険性を減少させるための共同体

・社会的コミュニケーション（トランザクション）により、さまざまなレベルで国家間が交流し、相互信頼や友好的態度が生まれ、安全保障共同体が出現する

⑵**相互依存論（J.S. ナイと R.O. コヘイン）『権力と相互依存』（1977）**

・現在の国際社会を「相互依存が高度に進んだ状態」とみなす

・「相互依存の進展 → 国際平和の達成」と考える

【相互依存論の特徴】 くわしくは **Q68** 参照

①主体の多様化、②問題領域の優先順位の不明確性、③軍事力の相対的低下

⑶**リンケージ論（J.N. ローズノウら）** くわしくは **Q64** 参照

国内政治と国際政治のリンケージ（連繋）に注目→ 両者の分離を無意味とする

⑷**国際レジーム論（J.G. ラギー、S. クラズナーら）**

「特定の問題領域において、主要な主体が、その原則、規範、規則、政策決定手続きなどを受け入れ、主体の期待を収斂（しゅうれん）させたもの」（クラズナーの国際レジームの定義）

国際レジーム論は、レジームの国家行動に及ぼす影響に注目する理論であり、覇権安定論におけるレジームは国家からレジームへの働きかけに着目する点で異なる。

知識を広げる

英国学派とブル

20世紀後半に誕生した国際関係理論の英国学派の特徴は、国内社会と比較して中央集権化が進んでいない主権国家体系にも独自の社会的制度があり、それらが機能することによって人類に不可欠な基本的な諸価値が充足されているとする点にある。代表的論者 H. ブルは、『国際社会論』（1977 年）において、国家間関係の在り方を、国家の上位に位置する中央政府が存在しない点で無政府状態（アナーキー）だが、そこに一定の社会的秩序を見出すことができるアナーキーな性質を持つ社会（アナーキカル・ソサエティ）であると定義した。

A61 正解－2

1－誤　カーは、現実主義の立場からユートピアニズムを批判した（**Q60** 参照）。

2－正　ハースが提唱した新機能主義に関する妥当な記述である。

3－誤　ブルは、国際社会はアナーキーであるが、一定の秩序が存在すると主張した。

4－誤　国際的規範が国家に与える影響を重視するのがコンストラクティヴィズムであるが、ネオリアリストのウォルツは、国家が国際的規範に与える影響を重視しており、両者は対立関係にある。

5－誤　文明の衝突論は、ハンチントンによるものであり、「歴史の終焉」（F. フクヤマ）の理論とは異なる。

Q62 国際関係理論

問 国際関係理論に関する記述として、妥当なものはどれか。 （地方上級）

1 ドイッチュは、新機能主義の立場から、超国家主義によって国際統合をめざし、国家間で戦争への危惧がなくなる状況を実現するため、安全保障共同体が必要であるとした。

2 カプランは、国際システム論を展開し、「勢力均衡型」、「ゆるい二極型」、「きつい二極型」などの6つの国際システムモデルを提示したが、このうち「きつい二極型」は、第2次世界大戦後の米ソ支配を想定している。

3 ローズノウは、リンケージ・ポリティクス理論を提唱し、国内政治と国際政治が複雑に絡み合う国際状況をリンケージ現象としてとらえるとともに、国際政治に複合的相互依存という概念を初めて導入した。

4 フランクは、アフリカ研究を通じて従属論を展開し、世界経済は中枢－衛星という構造をもち、アフリカの低開発の背景には、衛星国の経済が中枢国の資本主義的生産関係に接合され、搾取されている実態があるとした。

5 ウォーラースティンは、15世紀に出発し現代に至るまでの世界を、資本主義世界経済システムの発展過程として分析し、近代世界システムは中心、準周辺、周辺という不変の三層構造から形成されるとした。

PointCheck

●**マルクス主義的国際関係理論の特徴**‥‥‥‥‥‥‥‥‥‥‥‥‥‥‥‥‥‥‥‥‥‥‥‥‥‥‥‥‥‥【★★★】
　①個別の行為体よりは、全体構造（システム）に注目し、これを資本主義経済構造とする
　②経済的要素（搾取）を最重視し、世界を資本主義システムとみなす
　③発展途上国の視点から問題をとらえようとする

●**マルクス主義的国際関係理論**‥‥‥‥‥‥‥‥‥‥‥‥‥‥‥‥‥‥‥‥‥‥‥‥‥‥‥‥‥‥‥‥‥‥‥【★★★】
(1)**従属論**（R. プレビッシュ、A.G. フランクなど）
　・主にラテンアメリカの研究から提唱された
　・発展途上国の低開発を国際経済体制の構造に求める
　・**中心－周辺構造を提示**（「中心」としての先進国が「周辺」としての途上国を搾取している＝不平等な国際経済体制）
　・新国際経済秩序（NIEO）の樹立を主張
(2)**世界システム論**（I. ウォーラーステイン）
　・従属論を修正して継承
　・15世紀末に形成された世界システムは**中心・周辺＋準中心の3層構造**
　　→世界資本主義は、中心は準周辺と周辺から、準周辺は周辺からそれぞれ搾取を行い、また支配する構造を持っている

・国家は周辺から準周辺へ、さらに中心へと上昇移動することもあれば、下降移動することもある（システム自体は固定）
・長期循環論の影響も受ける
　　覇権循環論：16世紀スペイン→17世紀オランダ→19世紀イギリス→20世紀アメリカという覇権変遷を主張
⑶**構造的暴力論**（J. ガルトゥング　「平和研究」の創始者）
　ガルトゥングによれば、暴力とは、「人間が影響力を行使されることによって、その精神的実現の程度が潜在的実現可能性より低くなる場合にみられるもの」（『構造的暴力と平和』（邦訳1991年）と定義する。さらにそれを以下のように分ける。
　　①**直接的暴力**＝原因が特定の人々に帰せられる場合（戦争など）
　　②**構造的暴力**＝暴力の主体が特定できない場合（貧困、人権侵害、差別、環境破壊など）
　そして、①のない状態を消極的平和、②のない状態を積極的平和とし、戦争の不在だけでなく、構造的暴力のない状態（＝積極的平和）こそ追求するべき価値であると主張した。

●**ネオリベラル制度主義**…………………………………………………………【★★☆】
　1980年代、新冷戦の開始などの国際情勢を前に、相互依存論などの制度論的ネオリベラリズムはネオリアリズムからの大きな挑戦を受ける。すなわち、国際社会における国家の役割はいかなるものなのかといった議論が勃発したのである。しかし、その後この両者は統合し、国家の役割を中心に据えつつ、国際制度の役割も重視するというネオリベラル制度論が誕生する。
【ネオリベラル制度主義の特徴】
・主権国家が国際社会の主要アクター（＝ネオリアリズム）
・アナーキーな国際社会において、国家は国益のために行動（＝ネオリアリズム）
・国際制度が国際協力を推進する重要なアクター（＝ネオリベラリズム）

A62 正解―5

1－誤　ドイッチュは、安全保障共同体を提唱した交流主義の理論家である。新機能主義の提唱者ハースがいうような超国家主義的な組織については否定的であった（**Q61**参照）。
2－誤　カプランの国際システム論において米ソ冷戦を想定しているのは「ゆるい二極型」である（**Q63**参照）。
3－誤　複合的相互依存は、相互依存論を提唱したコヘインとナイが導入した概念である（**Q68**参照）。
4－誤　フランクは、アフリカではなくラテンアメリカの研究から従属論を展開した。
5－正　ウォーラーステインの世界システム論に関する妥当な記述である。彼によれば、システム自体は普遍だが、システム内部の国家の移動可能性はあるとされる。

Q63 囚人のジレンマ理論

問 A国とB国の貿易に関する戦略的な関係を〔一方的輸入＞自由貿易＞自給自足経済＞一方的輸出〕という選好スケジュールを持つ「囚人のジレンマ」の「繰返しゲーム」であると想定した場合に起こりうる事態について、次のア～ウのうち妥当なものの組み合わせはどれか。 (市役所)

ア 一国が常に保護主義政策（非協力）をとり、もう一国が常に市場開放政策（協力）をとる。
イ 2国とも常に保護主義的政策（非協力）をとる。
ウ 2国とも常に市場開放政策をとる。

1 ア、イ、ウ   **2** イ、ウ   **3** ア   **4** イ   **5** ウ

PointCheck

●ネオリベラリズム・ネオリアリズムに影響を与えた理論‥‥‥‥‥‥‥‥‥‥‥‥‥‥‥【★★☆】
⑴国際システム論（M.A. カプラン）

　国際体系理論の先駆的研究で知られるカプランは、『国際政治の体系と過程』（1957年）で、異なった国際環境における国家間の相互作用のパターンを研究するために、国際システムの6つのモデルを提示した。彼は、これらのモデルによって、国際関係を人間の本質によって説明しようとした H.J. モーゲンソーと異なり、全体とその部分としての国家からなる国際社会をシステマティックに説明しようと試みたのである。

【カプランの6モデル】

①勢力均衡システム：同じ程度の勢力を持つ国家が5つ以上存在し、どの国家も覇権国とはなりえない状態＝実在する（19世紀の西欧国家体系）

②ゆるい二極システム：対立状態にある2つの超大国が存在し、そのどちらかに多くの国が属するが、どちらにも属していない国も存在する状態＝実在する（第二次世界大戦後の米ソ冷戦体制）

③固い二極システム：対立状態にある2つの超大国が存在し、すべての国がそのどちらかに属している状態＝実在しない仮想モデル

④普遍システム：国際社会に存在するすべての国が同じ勢力を持ち共存している状態＝実在しない仮想モデル

⑤階層システム：強大な力を持つ1国が存在し、その下にすべての国が階層的に位置している状態＝実在しない仮想モデル

⑥単位拒否権システム：国際社会に存在するあらゆる国が強大な核戦力を持ち、1国の拒否が世界の破壊につながる状態＝実在しない仮想モデル

⑵ゲーム理論

　ゲーム理論とは、複数の行為者が存在し、その各々が自己に望ましい状態を得ようとして行動する際に、それらの行動が組み合わさってどのような結果が生ずるか決まるという戦略的な状況を取り扱うものであり、経済学で用いられている。国際関係理論の分析においては、まず、行為者が２人で、選択肢が２つの２人ゲームのモデルが応用された。２人ゲームは、利害の対立の面から、**ゼロ・サム・ゲーム**と**ノン・ゼロ・サム・ゲーム**に分けられる。

　①**ゼロ・サム・ゲーム（零和）**：自分の得＝相手の損／自分の損＝相手の得
　②**ノン・ゼロ・サム・ゲーム（変動和）**：相手と自分の得失の和が一定ではない

◉囚人のジレンマモデル（A.W. タッカー） ‥‥‥‥‥‥‥‥‥‥‥‥‥‥‥‥‥【★★☆】

　タッカーは、1950 年代に、２人ゲーム（ゼロ・サム・ゲーム）の１つとして、「行為者が個々に合理的に行動した場合でも、社会全体としては最適な結果が得られず、結局はすべての行為者が損をする」という内容の囚人のジレンマを発見した。このモデルは、冷戦下における米ソの核軍拡の説明に用いられたものである。

		囚人 B	
		黙秘	自白
囚人 A	黙秘	1 年 ＼ 1 年	3 カ月 ＼ 10 年
	自白	10 年 ＼ 3 カ月	8 年 ＼ 8 年

　囚人Aと囚人Bは共犯→互いに連絡がとれない状態で取り調べを受けている→互いに自分だけが自白すれば最短の刑期ですが、両者にとって最もよいのはともに黙秘を続けること
　→しかし、相手が自白して自分が自白しなかった場合、自分だけが刑期 10 年となる
　→この最も悪い事態を避けようとし、お互いに自白し、８年の刑期を受ける
　＝双方が十分なコミュニケーションができない状態にある場合、双方が合理的にふるまうことで、双方が損してしまう
　※囚人のジレンマが繰り返される状況下（繰返しゲーム）では、相手が黙秘すれば自分も黙秘し、相手が自白なら自分も自白という「目には目を」戦略をとることになる。

A63 正解ー2

　囚人のジレンマを単独試行で終わらず繰り返し実験していくと、双方は「目には目を」戦略をとるようになる。したがって、正解は２である。

Q64 リンケージ戦略

問 次はいずれも架空の事例であるが、これらのうち国際交渉におけるリンケージ戦略の例として挙げるのに最も妥当なものはどれか。 (地方上級)

1 A国は、B国の武器輸出を抑制する交渉を進展させるため、武器輸出の見返りに、両国間で懸案になっていた穀物輸出の自由化を認める提案をした。

2 A国は、B国の軍事的脅威に対抗するため、B国と潜在的敵対関係にある周辺の数カ国に対して、包囲的同盟を締結するよう提案した。

3 A国は、B国が加入する国際条約機構の弱体化を促進するため、B国に対し、この機構の機能と対立する内容の同盟をA国と締結するよう提案した。

4 A国は、B国のA国に対する敵対的な姿勢を緩和するため、A国に協力的な考えや利害関係を持つ人々からなる団体を、B国の内部に作ることを提案した。

5 A、B両国は、両国間で懸案になっている貿易摩擦の解決を図るため、関係する業界団体の国際的協議組織の発足を、共同で全世界に対して提案した。

PointCheck

●ローズノウのリンケージ論（連繋理論）･････････････････････････【★★☆】

J.N. ローズノウは、現代世界における国内システムと国際システムの相互浸透の深化により、国内政治と国際政治の境界が曖昧になったとして、両者を単一の分析枠組みでとらえようとする連繋政治（リンケージ・ポリティクス）を提唱した。

これは、ミクロ的な政策決定論とマクロ的な国際システム論との交錯モデルといえ、1960年代の雪解けの進行による脱冷戦構造の模索や、多国籍企業の登場によって国境の壁が低くなりはじめた新しい時代背景を反映するものであった。

ローズノウは、1962年の著書『連繋政治』において、国際体系と国内体系の政治が相互に浸透しあった問題領域の解明のために、新しい分析概念として「浸透性システム」を提示し、問題領域ごとに異なった連繋現象が示されるととらえ、現象の類型化を試みた。そこでは、入力・出力・政治体（国家）・環境（国際体系）からなる分析枠組みを用意し、それらのマトリクスによって国際政治と国内政治との相互浸透作用の法則性を明らかにしようとした。ネオリベラリズムに分類される国際関係理論である。

なお、ローズノウは、近年では、グローバル・ガバナンス論の論者として知られている。

問題でPoint を理解する
Level 1 Q64

第1章

第2章

第3章

第4章

第5章

●リンケージ戦略……………………………………………………………【★★☆】

「リンケージ」という用語がローズノウによって国際政治の分析に使用されるようになって以来、その主眼は**「国内政治と国際政治のリンケージ」**に置かれていた。しかしながら、その後、外交における争点間のリンケージを指して使われることも一般化した。

今日、外交戦略の文脈において、「リンケージ戦略」といった場合には、経済問題と軍事問題など、**異なった領域の争点をリンクさせようとする戦略**を意味している。核施設の凍結と経済援助協定の締結などをリンクさせるなど、今日このような外交戦略はよくみられる。

【リンケージの意味の違い】

	対象	方向
ローズノウの リンケージモデル	国内政治と国際政治のリンケージ	タテのリンケージ
リンケージ戦略	外交交渉における異なる争点間のリンケージ	ヨコのリンケージ

A64 正解一1

リンケージ戦略とは、外交交渉において、軍事、経済などの異なる領域の政策とリンクさせて処理しようとする戦略である。

肢1において、A国は軍事政策と経済政策をリンクさせてB国に提案しており、これが正しいリンケージ戦略の例といえる。

肢2と肢3は軍事領域内での外交交渉である。

肢4は友好関係構築を目的とした戦略であり、発展性はあるが争点間のリンケージはない。

肢5は経済・貿易領域での交渉であり、他の分野とのリンクはみられない。

Q65 パットナムのツー・レベル・ゲーム

問 R. パットナムのいう「2レベルゲーム（two-levels games）」の説明として妥当なものは、次のうちどれか。 (地方上級)

1 国家が交渉によって合意を得ようとする場合、その合意は交渉当事者のみならず、国内の諸集団にも受け入れられるものでなければならないため、交渉当事者と国内集団の両方に受け入れられる合意の範囲を求めて国際および国内の2つのレベルでのゲームが行われる。

2 国家間交渉の結果には、両国の交渉当事者の相手国に関する認知や、心理的な駆引きが重要な役割を果たすが、最終の合意内容は当事者が所属する官僚組織によって拘束されるため、官僚個人の心理のレベルと客観的な組織状況との2つのレベルでのゲームが展開される。

3 国家間の交渉では、交渉当事者である両国の官僚どうしの認知やイメージに基づく判断が重要な役割を果たすが、その認知やイメージは、両国間で行われた過去の交渉によって新たに形成されることがあるため、前の交渉と後の交渉の2つのレベルでのゲームととらえることができる。

4 国家間の交渉では、政府の実務レベルでのアジェンダの設定、実際の交渉、結果のモニタリングが行われるとともに、経済問題では当事者である両国企業間の調整によって、ときには政府間交渉の意義を大幅に失わせることもあり、交渉国の政府間および企業間の2つのレベルでのゲームが展開される。

5 国家間の交渉では、特定の争点を巡る2国間交渉での成果が、単に当事国に対してのみ意味を持つのではなく、市場開放問題に見られるように、第三国に対しても多大な影響を及ぼす場合が多いため、2国間の個別ルールと多国間の一般的ルールとの2つのレベルでのゲームが交錯して展開される。

PointCheck

◉対外政策決定論 ･･･【★★☆】

　対外政策とは、国家が自国の利益に基づいて対外的な関係を調整する政策を指し、そのような政策が決定される過程を対外政策決定過程という。この過程を研究するのが対外政策決定論であり、国際関係理論のミクロ理論に分類される。

　対外政策の決定過程は、政府内で決定されるため、一般の国民がそれを知ることは難しい。しかし、相互依存の進展により、対外政策が国際関係ばかりでなく、国民の生活に大きな影響を与えることが日常化し、一般国民がその過程を知ることが必要であると考えられるようになった。

　このような時代背景において、対外政策決定論を体系的に研究し、この分野の先駆者となったのが G.T. アリソンである。彼は、キューバ危機を事例にとり、危機的状況下における対

問題でPointを理解する
Level 1 **Q65**

第1章

第2章

第3章

第4章

第5章

外政策決定過程を分析し、対外政策決定を理解するための３つのモデルを提示した（**Q70**参照）。

また、R.D.パットナムは、経済的相互依存の高まりを背景に、**ツー・レベル・ゲーム**というモデルを提示し、先進国間の外交交渉過程を分析した。

◉**パットナムのツー・レベル・ゲーム**……………………………………………【★★☆】

パットナムは、内政と外交の相互浸透が進んだ状況にある**先進国首脳会議（サミット）における政治過程を分析し**、国際関係における先進国間の交渉の特徴をツー・レベル・ゲームとしてモデル化した。ローズノウのリンケージモデルを対外政策決定過程に当てはめたものといえる。

【ツー・レベル・ゲーム】

対外政策交渉者　　・国内の利益集団の要求＝ 国内ゲーム

　　　　　　　　　・他国政府との交渉妥結の必要性＝ 国際ゲーム

両方の板挟みに置かれる（国内ゲームと国際ゲームを同時に遂行＝ ツー・レベル・ゲーム ）

最終的には国内に受け入れられるような範囲で国際交渉の妥結を目指す

A65 正解ー1

パットナムのツー・レベル・ゲームは、国際交渉において、交渉担当者は、「相手国もしくは国際社会からの要請」と「国内社会の要請」の両方を満たす必要に迫られ、結果的に２つの異なるレベルのゲーム——国際ゲームと国内ゲーム——を遂行しているとみなすモデルである。これについて妥当な記述は肢１である。

Q66 国際政治の基本的概念

> 問 国際政治の基本的概念に関する次の記述のうち、妥当なものはどれか。　　　（国家一般）

1 「国民国家（nation state）」という概念は、国際法の生みの親と呼ばれるH. グロティウスによって生み出された。彼は、主権の主体は「国家」であるとした上で、さらに具体的には「君主」ではなく「国民」であるべきだとし、この主張はJ.J. ルソーの人民主権論に受け継がれた。

2 「集団的安全保障（collective security）」とは、互いに敵対する国も含めて多数の国が武力の不行使などを約束し、それに違反する国に対して、残りの国が共同で制裁を加えるという構想であり、勢力均衡が有効に機能しなかったという反省から設立された国際連盟によって具体化が図られた。

3 「相互依存（interdependence）」という概念は、1960年代後半以降、ヒト、モノ、カネ、技術などをめぐる国際交流が増大した状況の中で強調されるようになった。R. コヘインとJ. ナイは、相互依存状況の高まりは、国家間に協調よりは対立をもたらすとし、アメリカ合衆国の軍備拡張を主張した。

4 「覇権（hegemony）」という概念は、1970年代にアメリカ合衆国のパワーが低下し始めた状況の中で、覇権安定論者によって用いられるようになった。その代表的理論家であるR. コックスは、A. グラムシに依拠しつつ、パワーの様々な側面の中で特に軍事力に着目し、その増強によるアメリカ合衆国の復権を主張した。

5 「国際レジーム（international regime）」は、H. モーゲンソーが「国々の期待が集約される原則、規範、規則及び意思決定手続きの総体」と定義し、アメリカ合衆国のパワーを強化するものとして強調したが、同国のパワー低下にもかかわらずGATT体制が維持されたことを説明できないとして、覇権安定論者からモーゲンソーは批判された。

PointCheck

◉国際政治の基本的キーワード･･【★★★】
⑴国家主権
　国際関係において、国家は他のなにものにも拘束されない主権を持つと考えられてきた。これは、国内のすべての事柄を排他的に統治する権利（領域統治権）、他国に従属せず干渉を受けない権利（独立権）、規模や政治体制の違いにかかわらず、相互に平等な関係を持つ権利（平等権）などからなる。
⑵国民国家
　「われわれ」意識を共有する単一の人間集団により形成される国家である。ナショナリズムに支えられ、一民族＝一国家という理念を実現させた国民国家は18世紀からヨーロッパにおいて多く誕生し、その後全世界に広まることとなった。実際には、支配的な民族集団に少数民族集団が抑圧されている場合が多く、分離・独立などの問題を引き起こす。

⑶勢力均衡

互いに同程度のパワーを有する国家同士が共存した状態であり、軍事的な超大国の出現を阻止するため同盟を結んで互いの勢力を均衡に保つという考え方。19 世紀ヨーロッパにおいてもっとも機能し、現実主義の軸となったが、互いの正確なパワーは不明なので、つねに相手国よりも上位に立とうとし、軍拡競争を引き起こす。

⑷集団的安全保障

国際機構を設立し、構成国の一国が侵略や武力行使を行った場合、他の構成国が協力して対抗することにより、国家の平和の維持にあたるという考え方。勢力均衡による平和が第一次世界大戦で崩れたことにより国際連盟で初めて実現した。

⑸国際レジーム

相互依存の進んだ世界のなかで、**各国が特定の問題領域に関して他国との交渉や妥協を通じて国際協力ないし制度を創出、運営することを指す**。その領域は主として貿易、金融、通貨、資源などの経済的分野であり、世界貿易機関（WTO）がその代表である。NPT による核不拡散体制もこれにあたる。なお、国際レジームに関しては、ネオリアリズム、ネオリベラリズムの両方がアプローチしている。覇権安定論の R.G. ギルピンは、覇権国が国際レジームを維持すると述べ、一方、S. クラズナーや J.S. ナイらは覇権国がなくても国際レジームは存続しうるとし、国際レジームが国家に及ぼす影響を重視する。

⑹覇権

国際関係を律する規則や調整を独占ないし支配する能力である。覇権の研究においては、軍事力や経済力に単純に還元できない国際社会の力関係に注目する。

⑺トランスナショナル

1960 〜 70 年代に入ると、経済がグローバル化し、多国籍企業、国際機構、地方自治体、NGO、政党などの国家以外の主体が国際社会に与える影響が大きくなり、ヒト・モノ・カネ・情報などが国境を越える状況が出現した。このように、**国家以外の主体が国境を越えてさまざまな領域において交流する関係**をトランスナショナルという。

A66 正解−2

1 −誤　国民国家は、ナショナリズムによって 18 世紀以降に誕生した。

2 −正　集団的安全保障に関する妥当な記述である（**Q02** 参照）。

3 −誤　コヘインとナイは相互依存状況の高まりは国家間に協調をもたらすと主張した（**Q61** 参照）。

4 −誤　覇権安定論を提唱したのはコックスではなく、ギルピンである。カナダ出身のコックスは、グラムシのヘゲモニー論を国際関係に援用して国際関係における構造的矛盾を示し、新現実主義の限界を指摘した。

5 −誤　国際レジームの定義は S. クラズナーによる（**Q61** 参照）。

Q67 ナショナリズム

問 ナショナリズムに関する次の記述のうち、妥当なものはどれか。 (国家一般)

1 ナショナリズムはしばしば使われる「エスニック集団」という概念同様に、人種的特徴、言語的特徴、あるいは文化的特徴など、あくまで客観的な分類基準にのっとり、また主観的要素を可能な限り排除して定義されるものである。定義に当たっては、当事者の認識や感情・情念などは可能な限り除外される。

2 E. ルナンは「国民とは？」と題する講演において、「国民とは、これまでになされた、そしてこれからも喜んでなされるであろう犠牲を共感することによって創造される一つの偉大な連帯である」と述べたが、これは典型的な中世ヨーロッパ的国民観であり、近代的な国民観は何よりも国益を中核に据えた合理的な性格を濃厚に持つ。

3 多民族社会であるアメリカ合衆国はナショナリズムを持つことができず、その外交も常に冷徹な経済的な打算の上に成り立っている。歴史的にもナショナリスティックな外交政策を展開したことはなく、対外関係に対する国民の反応は常に構成する民族・人種ごとに多様であり、それを統合するような共通の価値観も統合機構上のメカニズムも存在しない。

4 J.S. ミルは、共通の親近感が存在し、彼らだけの同一政府の下に在りたいと願う人々の集団を「ネーション」と呼び、その国民感情は、人種血統の同一性、言語や宗教の共通性、そして最も強くは共通の政治的経験、すなわち共通の歴史によって形成されると論じた。通常このような感情こそが、ナショナリズムの基盤となると理解されている。

5 E.H. カーは、非西欧的ナショナリズムを念頭に置きながら、その心理的・主観的側面に着目して、重商主義時代のナショナリズム、自由放任主義時代のナショナリズム、そして大衆民主主義時代のナショナリズムの三つに分類した。この分類法は、非西欧圏でのナショナリズムが勢いを増した現代において、より一層妥当性を持つようになっている。

PointCheck

●ナショナリズム ……………………………………………………【★★☆】

ナショナリズムは、「ネーション（民族／国民）」という言葉に起源を持つ。**言語や宗教、血縁、歴史的経験といった文化的共通性を共有した人が帰属する領域を意識し、それと一体視している集団を「ネーション」という。このネーションの独立と統一を「実現すべき最高の価値」と考える思想・運動が「ナショナリズム」である。**ナショナリズムには統合の機能と逆に分離・独立（エスノ・ナショナリズム）の機能の二面性がある。

ナショナリズムについての有名な定義は、「政治的な単位と民族的な単位とが一致しなければならないと主張する一つの政治的原理」というものである。

●ナショナリズム研究（A.D. スミス、B. アンダーソン） ……………………【★★☆】

ネーションという概念は近代になって生まれ（具体的にはフランス革命以降）、それを基

にしてナショナリズムは発展していく。**B. アンダーソンによればネーションは「想像の共同体」**であり、活字メディアの発達などによって形成された近代の産物である。

これに対し A.D. スミスは、ネーションは単なる近代の産物ではなく、共通の言語や文化、宗教、血縁関係、地域関係などを基礎とする**エスニシティ（エトニ）**が発展したものと考える。

●その他のナショナリズム研究者‥‥‥‥‥‥‥‥‥‥‥‥‥‥‥‥‥‥‥‥‥‥‥【★☆☆】

⑴ E. ルナン

E. ルナンは、講演『国民とは何か？』（1882 年）において、J.G. フィヒテに代表されるような**民族・言語の共通性**などに立脚する**「ネイション」概念を否定した**。彼によれば、「ネイション」とは民族・言語・宗教・地勢などによって定められるのではなく精神的な原理に立脚するものであり、彼の代表的な言葉を借りれば**「日々の国民投票」**によって形成されるものとされる。

⑵ J.S. ミル

19 世紀イギリスにおける功利主義者として有名な J.S. ミルは、ネイションを**「共通の親近感が存在し、彼らだけの同一政府の下に在りたいと願う人々の集団」**と定義し、その国民感情は、人種血統の同一性、言語や宗教の共通性、そして最も強くは共通の政治的経験、すなわち共通の歴史によって形成されると論じた。

⑶ E.H. カー

E.H. カーは、1945 年に発表した**『ナショナリズムの発展』**（Nationalism and After）において、**ナショナリズムによる衝突が起こる原因をヨーロッパの歴史を踏まえて論じた**。彼は、ナショナリズムの発展の過程を、第 1 期（フランス革命〜ウィーン会議）、第 2 期（第一次大戦終結まで）、第 3 期（第二次大戦終結まで）と分けて示した上で、第二次大戦後を第 4 期とし、今後の展望について国際主義の立場から述べている。

Level up Point！

ナショナリズムに対するアプローチは、①ネイションが近代の産物だとする見方（近代主義的アプローチ）と、②前近代にも存在していたとみる（根源主義的アプローチ）2 つに分かれる。しかしながら、ネイションに対する明確な定義は現在も存在しない。①の立場に立つ理論家は、ルナン、ゲルナー、ホブズボーム、アンダーソン。②の立場に立つ理論家は、フィヒテ、J.S. ミル。そして、両者の中間に存在するのが A.D. スミスである。

A67 正解ー4

1 －誤　人種的特徴・言語的特徴・文化的特徴は客観的な分類基準とはいえない。

2 －誤　ルナンの演説は、19 世紀に行われたものであり、中世ヨーロッパ的ではなく、近代国家における国民を前提としている。

3 －誤　多民族社会においてもナショナリズムは存在しうる。

4 －正　J.S. ミルの考え方に関する妥当な記述である。

5 －誤　カーは、西欧ナショナリズムを念頭に置いてナショナリズムを分析した。

Q68 国際的相互依存

問 国際的相互依存に関する次の記述のうち、妥当なものはどれか。 （国家一般）

1　近代国家システムでは国際関係の主要な回路は政府間関係であったが、人間の諸活動が国境を越えて展開されるようになった現代においては、個人や企業などの民間の行動主体が国外の民間主体や外国政府と直接的な関係を持つようになった。このような関係をトランスナショナルな関係とよぶ。

2　近代国家システムでは、国家主権は国際関係を律する原則として最も重要なものであった。しかし、企業や個人の活動が国境を越えるようになってきた今日では、さまざまな政策分野ごとの国際協調の組織による国家主権の制約が条約で認められるのが通例である。

3　国際的な相互依存が深まってきた現代の国際社会においては、個別の政策領域ごとに政策協調の枠組みをつくって、国際的に協力しながら相互の利益を図っていくことが主流となり、外交はもはや国益追求の活動ではなくなっている。

4　国際的相互依存に注目する理論の多くは、先進国に拠点を置く多国籍企業による発展途上国への投資が経済的不均等等を拡大・固定化する問題に焦点を当てる傾向が強い。国際的な市場メカニズムによる積極的経済開発について楽観的な傾向が強い開発経済論とは、その点で対照的である。

5　国際的相互依存が深まることによって、国境を越えた共通の利益の存在が社会的に広く認知されることになった。その結果、貿易関係などが深まって相互依存関係が強まった国の間では、文化的・感情的な対立意識は薄まっていく傾向が強い。

PointCheck

●相互依存論……………………………………………………………………………【★★★】

　相互依存とは、国際関係において、互いに一方の国家の国益が他方の国家の行動から影響を受ける状態を指して使われる用語である。相互依存が注目されるようになり、国際関係理論において相互依存論が登場した背景には、1960年代末からのアメリカの国際経済上の覇権の動揺がある。この頃出現した先進工業国間の相互依存状況と、アメリカの国益追求とを結びつけるという課題に応えようとするものとして、相互依存状況を積極的・肯定的にとらえる相互依存論が形成されることとなったのである。

　相互依存論の代表的な論者として知られるのはJ.S.ナイとR.O.コヘインである。彼らは、国家を単位とする現実主義のモデルに対して、**複合的相互依存モデル**を提示し、**敏感性**（国家間の枠組みは変化しない状況のもとで他方の国家・社会が受ける影響）と**脆弱性**（国家間の枠組み自体が変化する状況のもとで、他方の国家・社会が受ける影響）という概念によって相互依存下での力の概念を説明した。

問題でPointを理解する
Level 2 **Q68**

第1章
第2章
第3章
第4章
第5章

●ナイとコヘインの相互依存論（『権力と相互依存』1977年） 繰り返し確認 …【★★★】

J.S.ナイとR.O.コヘインの相互依存論には以下のような特徴がある。

(1)主体の多様化

国家以外にも重要な主体が存在し、それに着目して国際関係を再検討しようとする。ただし、国家が衰退し、消滅するのではなく、その役割や地位が相対的に低下すると考える。

(2)問題領域の優先順位の不明確性

従来、現実主義において最優先される問題領域は安全保障・軍事分野（＝ハイ・ポリティクス）であった。しかしながら相互依存関係にある国家間では経済的問題（＝ロー・ポリティクス）の解決が最優先される場合もある。

(3)軍事力の相対的低下

相互依存関係にある国家間で、軍事力を行使して貿易問題を解決するという状況が発生する危険性はほとんどない。

Level up Point! ナイは、1990年に著書『不滅の大国アメリカ』において、アメリカの経済力や政治力（ハード・パワー）における優位性が衰退傾向にあったとしても、アメリカの他者を引きつける魅力（ソフト・パワー）は依然として強大であると主張した。また、彼がクリントン政権下で国防次官補を務めた際にまとめた「ナイ・レポート」が、日米同盟見直しの基礎となったことも知られる。

A68 正解—1

1－正　トランスナショナルな関係に関する妥当な記述である（**Q66**参照）。

2－誤　依然として国家主権は国際社会の基礎であり、内政不干渉の原則は最も重要なルールである。国家主権の制約はEUなどでみられるようになってきてはいるが、これはむしろ例外であり、「通例」とは決していえない。

3－誤　確かに、相互依存が深化し、日常化した今日では、国際的に協力しながら相互の利益を図る場面が多いが、そのような協力もすべて国益追求のためになされているのである。

4－誤　国際的相互依存は、むしろ企業などトランスナショナルな主体による活動を積極的にとらえており、それは経済活動についても同様である。

5－誤　国際的相互依存の深化は、国家間の友好関係を育てるものとは必ずしもいえず、かえって両者の不均衡な依存関係は、国民間の感情的対立をもたらす場合もある。

Q69 国際システム

問　国際システムに関する次の記述のうち、妥当なものはどれか。　　　　　（国家一般）

1　先進国と発展途上国との関係を「中心」と「周辺」という概念で説明したのは、A.G. フランクや J, ガルトゥングらによって提唱された従属論であった。これによれば、前者の豊かさと後者の貧しさとは搾取・被搾取の関係を通じて表裏一体の関係にあるとされた。

2　勢力均衡は冷戦開始とともに生まれた概念であり、これ以前には勢力均衡がシステムとして成立したことも外交戦略として採用されたこともなかった。世界を事実上支配したアメリカ合衆国とソ連は、相互に均衡が保たれるように細心の注意を払って外交を展開した。

3　冷戦終結後の世界は、国際連合の下に統合された単一的な世界システムと特徴付けられる。国連による PKO が各地で展開され、ソマリア、東ティモールなどで「平和の強制」において成功を収めた。

4　新国際経済秩序（NIEO）とは、アジアやアフリカの新興独立諸国が、旧宗主国にとって有利な国際経済システムを主権平等の原則に基づいて改革しようとして提唱した概念である。この概念は、1950 年代から 60 年代のこれらの国々の独立運動の理論的支柱ともなった。

5　レーニンは、発達した資本主義国家が相互に戦った第二次世界大戦を分析し、資本主義の最高段階としての帝国主義論を提唱した。彼によれば、当時の国際システムはこれらの国々が地球上の全土の分割を完了し、それ以外の国々を完全に支配するにいたった支配・被支配の体制であった。

PointCheck

●国際システム‥‥‥‥‥‥‥‥‥‥‥‥‥‥‥‥‥‥‥‥‥‥‥‥‥‥‥‥‥‥‥‥‥‥【★★☆】

　国際システムとは、ウェストファリア体制によって西欧に発生し、その後世界全体に広まっていた複数の主権国家が並立する西欧国家体系を指す。しかし、歴史的には古代インドの国際政治、古典ギリシャの諸ポリス間の体系、中国を中心としたアジア地域の華夷体制なども存在する。このような国際システムを研究するのが国際システム論である。国際システム論では、そこにみられる主権国家間の相互作用の特徴をどのような視点からとらえるかが大きなテーマである。現実主義では力の分布が最重視され、勢力均衡からなる国際システムが研究対象となる。経済的要素のうち、階層性を重視するのがマルクス主義的国際関係論、相互依存を重視するのがネオリベラリズムといえるであろう。

●レーニンの『帝国主義論』　理解を深める　‥‥‥‥‥‥‥‥‥‥‥‥‥‥‥‥‥‥‥【★☆☆】

　ソ連の生みの親であるレーニンは、第一次大戦後にマルクス主義経済学の影響を受けて、『帝国主義論』を著し、植民地問題を分析した。彼によれば、資本主義国は国内生産の余剰物の販路を海外に求め、そのため資本主義国間で植民地争奪戦争が起こる。資本主義諸国は

植民地や後進国から富を収奪するため、国家間の不均衡が拡大するのである。

◉**冷戦後の国際関係理論**……………………………………………………………【★★☆】

⑴**グローバル・ガバナンス論**…J.N. ローズノウ、O. ヤング

　世界政府なしに地球的規模の諸問題（環境問題など）を解決していくために、**世界の諸国家や非国家組織がどのようなグローバル秩序を形成すべきか**を考える理論である。国際社会に存在する規範や制度、NGO や国際組織などのアクター、グローバルなネットワークなどの役割の大きさを前提としている点に特徴がある。

⑵**構成主義（コンストラクティヴィズム）**…A. ウェント、J.G. ラギー

　構成主義は、ネオリアリズムとネオリベラリズムはどちらも**国家の目的合理性を仮定しているとして批判し、アクターのアイデンティティや存在そのものが、それらの相互作用によって生まれる社会制度によって構築される**とする（環境優位説）。アクター間の協力関係の持続によって、アイデンティティが変化し、**お互いに同じような考えを持つに至り、国際システムの構造そのものが変化する**ようになると論じている。

⑶**文明の衝突論**…S.P. ハンチントン

　冷戦後の世界では、イデオロギーの対立にかわり、**文明の対立が紛争の主要因になる**とする。ハンチントンのいう主要な文明とは、西欧、ロシア正教、イスラム、中華（儒教）、日本、ヒンドゥー、ラテンアメリカ、アフリカの 8 文明である。

⑷**「歴史の終焉」**…F. フクヤマ

　統治イデオロギーをめぐる弁証法が歴史だとみるヘーゲル的な観点から、F. フクヤマは、1988 年に、『ナショナル・インタレスト』誌において、ペレストロイカ下のソ連共産主義が終焉に近づいたこと、それが**西側自由民主主義体制の勝利とイデオロギー対立の終焉**を意味するとして、冷戦後の時代を歴史の終焉であると述べた。

Level up Point!　冷戦後の国際関係においては、国際的相互依存は所与のものとなり、相互依存論はグローバリゼーションという状況を積極的に評価しようとする理論に発展した。また構成主義は、ハースらによる統合論を発展させたものといえるだろう。

A69　正解ー1

1 －正　ガルトゥングは構造的暴力論の論者だが、広い意味でマルクス主義的国際関係理論・構造主義の理論であり、他肢との比較で妥当といえる。

2 －誤　勢力均衡はウェストファリア体制によって成立したシステムである。

3 －誤　1993 年の第二次国連ソマリア活動は、それまでの PKO とは異なる「平和執行部隊」として派遣されたが、失敗に終わり撤退した。

4 －誤　NIEO は、独立運動の理論的支柱となったわけではなく、1970 年代より独立後の新興国によって提唱されるようになった。

5 －誤　レーニンは第一次大戦の分析によって彼の帝国主義論を展開した。

Q70 外交政策決定過程

問 外交政策決定過程に関する次の記述のうち、妥当なものはどれか。 （国家一般）

1 外交の民主的統制は20世紀に入ってから提唱され始めた新しい概念である。外交も含めて政策決定過程への民衆参加の程度の高いアメリカ合衆国においては、20世紀に入ってからいち早く憲法が改正され、条約成立に対して、上院の単純過半数ではなく3分の2の多数による批准という要件が付け加えられた。

2 アメリカ合衆国を中心に発達した官僚政治モデルに対しては、アメリカ的な政治制度を前提にし過ぎているなどさまざまな批判もなされている。しかしながら、外交政策を合理的なアクターによる冷徹な打算あるいは慎重な選択の結果であるととらえがちであったそれまでの外交政策決定理論に対して及ぼした影響は、極めて大きかったと考えられる。

3 世論が外交政策に与える影響については、通常の国際関係理論においては、世論一般と、外交問題に強い関心を持つ少数のエリート集団（いわゆるアテンティヴ・パブリック）の意見とを分けて考え、後者の影響力を重視する。これはW.ウィルソンやG.ケナンなどによって提唱された現実主義的な外交政策決定観である。

4 G.アリソンはアメリカ合衆国のベトナム戦争介入の政治過程を事例にして、官僚政治モデル、合理的行為者モデル、組織過程モデルの三つを提唱し、特に、アメリカ合衆国がベトナム戦争の泥沼にはまった過程を軍官僚主導による政策決定の結果であるとして、官僚政治モデルの説明能力の高さを強調した。

5 国内政治が外交政策に与える影響の大きさを強調した、いわゆる連繫（リンケージ）理論は、当初はJ.ガルトゥングやI.ウォーラースティンなどのリベラル派の国際政治学者によって提唱されていたが、現在は国内の文化や文明の影響力を重視するS.ハンチントンらむしろ保守派の学者によって支持されている。

PointCheck

●アリソンの対外政策決定論 ....【★★☆】
国家の外交政策がどのようにして決定されるのかを分析するのが外交政策決定論である。G.T.アリソンは『決定の本質』（1971年）において、1962年のキューバ危機を分析することを通じて、アリソン・モデルと呼ばれる3つのモデルを用いて、アメリカの対外政策決定過程に与える官僚の影響を論じた。

●アリソン・モデル ....【★★★】
⑴合理的行為者モデル
国家は単一のアクターとして合理的な決定を下すという考え方である。国家はいくつかの行動オプションを考え、さらにそれらの費用対効果を計算し、自らの目標にとって最も利益の高い選択をする。現実主義やネオリアリズムによって取り入れられている概念である。

⑵組織過程モデル

外交政策は政府組織内のマニュアルによって行われる機械的なプロセスの産物であるとする。国際問題が生じた場合、政府内に存在するさまざまな部署のうち、その問題に関係する部署が、あらかじめ決められたマニュアルに従って機械的に対応するため、政策決定の最高責任者の仕事は、それら組織の調整をはかることであるとされる。

⑶官僚政治モデル（政府内政治モデル）

政策決定は、政府内のさまざまなアクター間に生じる駆け引きの相互作用の結果と考える。

政府内のさまざまなアクターとは、大統領や補佐官、官僚である。各主体は、自分の政府内の地位に応じて異なった利益や目標をもっており、ある問題が生じた場合、各自自分に有利な政策がなされるようお互いに駆け引き（バーゲニング）を行うが、それによって生じる結果が国家の外交政策となる。したがって、国家全体にとっては非合理的な対外政策が打ち出される可能性もあるのである。

●アリソン・モデルの影響　理解を深める ……………………………………【★☆☆】

アリソン・モデルは、キューバ危機という危機的な状況を事例としているため、限定的であるとの批判もあるが、現実主義において「国家は国益追求のために合理的行動をとる」ということが前提とされていた状況において、必ずしもそうではないことを示し、対外政策研究のみならず、国際関係理論全体に大きな影響を与えた。アリソン以外の対外政策決定論の代表的論者には、政治学だけでなく社会心理学などの理論を動員し、行動科学の立場から対外政策決定過程の分析枠組みを提示した R. スナイダー（『国際政治研究への政策決定アプローチ』）や、R. ジャービスがいる。

Level up Point!　対外政策決定論については、まずはアリソンの研究をしっかりと頭に入れておこう。アリソンがキューバ危機を研究対象としていたことから、キューバ危機などの冷戦史とからめて出題されることもあるので、注意したい。

A70　正解ー2

1 －誤　アメリカでは、1787 年の合衆国憲法制定から現在に至るまで、条約成立には上院の３分の２の多数による批准が必要とされている。
2 －正　アリソンが提示した「官僚政治モデル」に関する妥当な記述である。
3 －誤　確かに、現実主義者は世論が及ぼす外交政策の影響を否定的に論じるが、ウィルソンは、外交政策における世論の役割を肯定的にとらえる理想主義者である（**Q58** 参照）。
4 －誤　アリソンが分析対象としたのは、キューバ・ミサイル危機である。
5 －誤　連繋（リンケージ）論を提唱したのは、ローズノウである（**Q64** 参照）。

INDEX

◆参考文献

川田侃・大畠英樹編	『国際政治経済辞典』	東京書籍
田中明彦／中西寛編	『新・国際政治経済の基礎知識』	有斐閣
有賀貞・宇野重昭・木戸蓊・山本吉宣・渡辺昭夫編	『講座国際政治①～⑤』	東京大学出版会
猪口孝編	『シリーズ国際関係論①～⑤』	東京大学出版会
新藤榮一	『現代国際関係学』	有斐閣
細谷千博・丸山直起編	『国際政治ハンドブック』	有信堂
野林健他編	『国際政治経済学・入門』	有斐閣
五百旗頭　真編	『戦後日本外交史新版』	有斐閣
百瀬宏	『国際関係学原論』	岩波書店
植田隆子編	『現代ヨーロッパ国際政治』	岩波書店
井上俊他編	『岩波講座現代社会学 24　民族・国家・エスニシティ』	岩波書店
	『現代用語の基礎知識』	自由国民社
	『外交青書』	外務省
	『ODA 白書』	外務省

本書の内容は、小社より2020年3月に刊行された
「公務員試験 出るとこ過去問 10 国際関係」(ISBN：978-4-8132-8752-0)
および2023年3月に刊行された
「公務員試験 出るとこ過去問 10 国際関係 新装版」(ISBN：978-4-300-10610-5)
と同一です。

公務員試験　過去問セレクトシリーズ

公務員試験　出るとこ過去問　10　国際関係　新装第2版

2020 年 4 月 1 日　初　　　版　第 1 刷発行
2024 年 4 月 1 日　新装第 2 版　第 1 刷発行

編 著 者	Ｔ Ａ Ｃ 株 式 会 社	
	（出版事業部編集部）	
発 行 者	多　　田　　敏　　男	
発 行 所	ＴＡＣ株式会社　出版事業部	
	（ＴＡＣ出版）	

〒 101-8383
東京都千代田区神田三崎町 3-2-18
電話　03 (5276) 9492 (営業)
FAX　03 (5276) 9674
https://shuppan.tac-school.co.jp/

印　　刷	株式会社　光　　　　邦	
製　　本	株式会社　常 川 製 本	

© TAC　2024　　　　Printed in Japan　　　　ISBN 978-4-300-11130-7
N.D.C. 317

公務員講座のご案内

大卒レベルの公務員試験に強い！

2022年度 公務員試験

公務員講座生[1]
最終合格者延べ人数[2]

5,314名

※1 公務員講座生とは公務員試験対策講座において、目標年度に合格するために必要と考えられる、講義、演習、論文対策、面接対策等をパッケージ化したカリキュラムの受講生です。単科講座や公開模試のみの受講生は含まれておりません。
※2 同一の方が複数の試験種に合格している場合は、それぞれの試験種に最終合格者としてカウントしています。（実合格者数は2,843名です。）
＊2023年1月31日時点で、調査にご協力いただいた方の人数です。

国家公務員（大卒程度）	計	2,797名
地方公務員（大卒程度）	計	2,414名
国立大学法人等	大卒レベル試験	61名
独立行政法人	大卒レベル試験	10名
その他公務員		32名

1位 全国の公務員試験で合格者を輩出！

詳細は公務員講座（地方上級・国家一般職）パンフレットをご覧ください。

2022年度 国家総合職試験

公務員講座生[1]

最終合格者数 217名

法律区分	41名	経済区分	19名
政治・国際区分	76名	教養区分[2]	49名
院卒／行政区分	24名	その他区分	8名

※1 公務員講座生とは公務員試験対策講座において、目標年度に合格するために必要と考えられる、講義、演習、論文対策、面接対策等をパッケージ化したカリキュラムの受講生です。単科講座や公開模試のみの受講生は含まれておりません。
※2 上記は2022年度目標公務員講座最終合格者のほか、2023年度目標公務員講座生の最終合格者40名が含まれています。
＊上記は2023年1月31日時点で、調査にご協力いただいた方の人数です。

2022年度 外務省専門職試験

最終合格者総数55名のうち
54名がWセミナー講座生です。[1]

合格者占有率[2] 98.2%

外交官を目指すなら、実績のWセミナー

※1 Wセミナー講座生とは、公務員試験対策講座において、目標年度に合格するために必要と考えられる、講義、演習、論文対策、面接対策等をパッケージ化したカリキュラムの受講生です。各種オプション講座や公開模試など、単科講座のみの受講生は含まれておりません。また、Wセミナー講座生はそのボリュームから他校の講座生と掛け持ちすることは困難です。
※2 合格者占有率は「Wセミナー講座生（※1）最終合格者数」を、「外務省専門職採用試験の最終合格者総数」で除して算出しています。また、算出した数字の小数点第二位以下を四捨五入して表記しています。
＊上記は2022年10月10日時点で調査にご協力いただいた方の人数です。

Wセミナーは TAC のブランドです

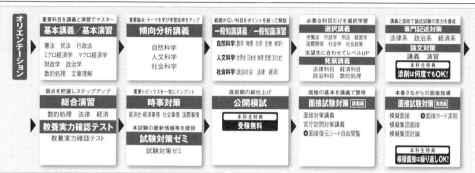

TAC出版 書籍のご案内

TAC出版では、資格の学校TAC各講座の定評ある執筆陣による資格試験の参考書をはじめ、資格取得者の開業法や仕事術、実務書、ビジネス書、一般書などを発行しています!

TAC出版の書籍

*一部書籍は、早稲田経営出版のブランドにて刊行しております。

資格・検定試験の受験対策書籍

- ✪ 日商簿記検定
- ✪ 建設業経理士
- ✪ 全経簿記上級
- ✪ 税 理 士
- ✪ 公認会計士
- ✪ 社会保険労務士
- ✪ 中小企業診断士
- ✪ 証券アナリスト

- ✪ ファイナンシャルプランナー(FP)
- ✪ 証券外務員
- ✪ 貸金業務取扱主任者
- ✪ 不動産鑑定士
- ✪ 宅地建物取引士
- ✪ 賃貸不動産経営管理士
- ✪ マンション管理士
- ✪ 管理業務主任者

- ✪ 司法書士
- ✪ 行政書士
- ✪ 司法試験
- ✪ 弁理士
- ✪ 公務員試験(大卒程度・高卒者)
- ✪ 情報処理試験
- ✪ 介護福祉士
- ✪ ケアマネジャー
- ✪ 社会福祉士 ほか

実務書・ビジネス書

- ✪ 会計実務、税法、税務、経理
- ✪ 総務、労務、人事
- ✪ ビジネススキル、マナー、就職、自己啓発
- ✪ 資格取得者の開業法、仕事術、営業術
- ✪ 翻訳ビジネス書

一般書・エンタメ書

- ✪ ファッション
- ✪ エッセイ、レシピ
- ✪ スポーツ
- ✪ 旅行ガイド (おとな旅プレミアム/ハルカナ)
- ✪ 翻訳小説

公務員試験対策書籍のご案内

TAC出版の公務員試験対策書籍は、独学用、およびスクール学習の副教材として、各商品を取り揃えています。学習の各段階に対応していますので、あなたのステップに応じて、合格に向けてご活用ください!

INPUT

『みんなが欲しかった! 公務員 合格へのはじめの一歩』

A5判フルカラー
- 本気でやさしい入門書
- 公務員の "実際" をわかりやすく紹介したオリエンテーション
- 学習内容がざっくりわかる入門講義

・数的処理（数的推理・判断推理・空間把握・資料解釈）
・法律科目（憲法・民法・行政法）
・経済科目（ミクロ経済学・マクロ経済学）

『みんなが欲しかった! 公務員 教科書&問題集』

A5判
- 教科書と問題集が合体! でもセパレートできて学習に便利!
- 「教科書」部分はフルカラー! 見やすく、わかりやすく、楽しく学習!

・憲法
・【刊行予定】民法、行政法

『新・まるごと講義生中継』

A5判
TAC公務員講座講師
郷原 豊茂 ほか
- TACのわかりやすい生講義を誌上で!
- 初学者の科目導入に最適!
- 豊富な図表で、理解度アップ!

・郷原豊茂の憲法
・郷原豊茂の民法Ⅰ
・郷原豊茂の民法Ⅱ
・新谷一郎の行政法

『まるごと講義生中継』

A5判
TAC公務員講座講師
渕元 哲 ほか
- TACのわかりやすい生講義を誌上で!
- 初学者の科目導入に最適!

・郷原豊茂の刑法
・渕元哲の政治学
・渕元哲の行政学
・ミクロ経済学
・マクロ経済学
・関野喬のパターンでわかる数的推理
・関野喬のパターンでわかる判断整理
・関野喬のパターンでわかる
　空間把握・資料解釈

要点まとめ

『一般知識 出るとこチェック』

四六判
- 知識のチェックや直前期の暗記に最適!
- 豊富な図表とチェックテストでスピード学習!

・政治・経済
・思想・文学・芸術
・日本史・世界史
・地理
・数学・物理・化学
・生物・地学

記述式対策

『公務員試験論文答案集 専門記述』

A5判
公務員試験研究会
- 公務員試験（地方上級ほか）の専門記述を攻略するための問題集
- 過去問と新作問題で出題が予想されるテーマを完全網羅!

・憲法〈第2版〉
・行政法

書籍の正誤に関するご確認とお問合せについて

書籍の記載内容に誤りではないかと思われる箇所がございましたら、以下の手順にてご確認とお問合せをしてくださいますよう、お願い申し上げます。

なお、正誤のお問合せ以外の**書籍内容に関する解説および受験指導などは、一切行っておりません。**
そのようなお問合せにつきましては、お答えいたしかねますので、あらかじめご了承ください。

1 「Cyber Book Store」にて正誤表を確認する

TAC出版書籍販売サイト「Cyber Book Store」の
トップページ内「正誤表」コーナーにて、正誤表をご確認ください。

CYBER TAC出版書籍販売サイト
BOOK STORE

URL：https://bookstore.tac-school.co.jp/

2 1の正誤表がない、あるいは正誤表に該当箇所の記載がない ⇒ 下記①、②のどちらかの方法で文書にて問合せをする

★ご注意ください★

お電話でのお問合せは、お受けいたしません。
①、②のどちらの方法でも、お問合せの際には、「お名前」とともに、
「対象の書籍名（○級・第○回対策も含む）およびその版数（第○版・○○年度版など）」
「お問合せ該当箇所の頁数と行数」
「誤りと思われる記載」
「正しいとお考えになる記載とその根拠」
を明記してください。
なお、回答までに1週間前後を要する場合もございます。あらかじめご了承ください。

① ウェブページ「Cyber Book Store」内の「お問合せフォーム」より問合せをする

【お問合せフォームアドレス】

https://bookstore.tac-school.co.jp/inquiry/

② メールにより問合せをする

【メール宛先　TAC出版】

syuppan-h@tac-school.co.jp

※土日祝日はお問合せ対応をおこなっておりません。
※正誤のお問合せ対応は、該当書籍の改訂版刊行月末日までといたします。

乱丁・落丁による交換は、該当書籍の改訂版刊行月末日までといたします。なお、書籍の在庫状況等により、お受けできない場合もございます。
また、各種本試験の実施の延期、中止を理由とした本書の返品はお受けいたしません。返金もいたしかねますので、あらかじめご了承くださいますようお願い申し上げます。

（2022年7月現在）